伝道ハンドブック　み言編

み言に学ぶ伝道の姿勢

光言社

はじめに

『原理講論』の中に「暗い道をさまよい歩いてきた数多くの生命が、世界の至る所でこの真理の光を浴び、蘇生していく姿を見るたびごとに、感激の涙を禁ずることができない」と書かれているように、魂を救う伝道ほど価値のある職務はほかにありません。伝道とは暗やみと悲しみの世界に住んでいる人を、光と喜びの世界に救い出すことであり、相手の心にキリストによる永遠の生命をともすことです。罪の世界で受けた心の傷や愛の恨みを神の愛によって溶かし、暖かい春のような心に生み変え、「キリストが、わたしのうちに生きておられる」（ガラテヤ二・二〇）という境地にまで導きます。そして神の愛に満たされた理想家庭にまで導くことが、伝道師の責任といえるでしょう。

伝道師のための実際的な指導書が欲しいという多くの願いにより、「伝道ハンドブック」の企画となりました。

本編は、文鮮明先生の語られた伝道に関するみ言を収録しました。文先生に倣って、救霊、伝道の勝利者が数多く生まれることを願ってやみません。

世界基督教統一神霊協会　伝道教育局

目次

第一章　文鮮明先生の説教から

一、ワシントン大会後の我々の使命より

一九七六年九月二十日　ニューヨーク　ベルベディア

皆さんは、ここ三年間で成してきたことを見てきたでしょう。実際その目で見てきたでしょう。皆さんは素晴らしい立場にいるのです。私の場合は信仰しかありません。自分しかいません。いわゆる模範とすべき例がありません。しかし、皆さんにはその従うべき生きた模範があります。それだけでも、私より勝った立場にあります。ですから私は、皆さんが本当に強い確信をもって、私が見せてあげたんだから、同じようにすれば、一生懸命やれば、必ず勝利できるという確信をもってほしいと、そのように思っています。そういう組織、団体は必ず発展します。そして衰退することはありません。ですから皆さん、大志をもって確信をもって働いてもらいたいと思います。私が生きた手本を示したので、私以上のことができるという確信をもってほしいのです。

これからは個人個人の戦い

私たちはワシントン大会に勝利しました。しかし、傲慢《ごうまん》になってはいけません。思い上がってはいけません。これまで皆で一緒に働いてきました。集団で頑張ってきました。しかし、これからは各自一人一人の戦いになります。一人一人が、いかに価値があるかということを示す時です。そういった戦いがこれから待っています。この集団としてのキャンペーンにおいては大勝利をしました。しかし、皆さん自身が一人一人個人として勝利したということを示さなければ、この集団が行った全体としての勝利は無駄になってしまうでしょう。そのような時代が来ています。

天においては、祝福というものはすべて荷造りされています。それをいかに分配するかという時代となっています。今、その時代が来ようとしています。それは私が分配するのではありません。皆さん自身が分配を与えられるに値する者になって、天から分配されなければなりません。

一人一人がレバレンド・ムーンに

きょう、皆さんはこの時に、個人的な目標を立てるのです。私はこうしますという目標、それを立てるのです。私の生きている間は、これを成し遂げるという目標をもつのです。自分を賭けて、勝利を先生にささげるというように。これから自分で自分のキャンペーンをはり、自分のワシントン大会を開く決意をしなさい。

私の伝統から見ると、皆さんは私の足跡をたどる者です。皆さんはその伝統を引き継ぐように、どんどん先に行って、先生を越えていくのです。自分は前線のチャンピオンだ、前線の兵隊だと。そして各自の勝利をささげていくと、こう決意すべきです。勝利の年は一九八〇年です。どのような勝利を自分はその年にささげるか。第三次七年路程が終わるその時に統一教会は全く無敵の基盤の上に立っています。今、それに向かって歩いているのです。ですからきょうからは、皆さんは神の代身者、私の代身者です。皆さんの名前はサンミョン・ムーンです。一人一人がもう一人のサンミョン・ムーンとなるのです。そのように、その威厳において、自信と責任をもって勝利に向かっていけば、どのようなつらいことに出遭おうとも、その道がふさがれることはありません。

二、食口に対する七七年のメッセージ

一九七七年一月一日　ニューヨーク　ワールド・ミッション・センター

私たちは、神の弾丸になりましょう。霊的弾丸、心情的弾丸となっていきましょう。弾丸の性質は、元に戻ることもないし、春の道を散歩するようなこともありません。ひたすら目標に向かって自らを爆発させ、標的を打ち砕くのです。聖書には、一粒の麦のたとえがあります。それと同じです。私の手が、体がばらばらになった時、多くの基台が立てられるのです。

今朝のメッセージの題目は「地上天国実現と理想家庭」でした。私たちは、理想の家庭、理想の世界、理想の天国を建設する群れです。神の変わらない願いは必ず果たされ、神の悲しみの御心情は解放されなければなりません。実にイエス様はこの目的のために来られたのです。そしてこの使命を果たせずに、苦しい十字架を味わわれたのです。今や、統一教会以外に希望はありません。あなた方は、神の唯一の希望です。私たちは貧弱な若者たちです。しかし私たちは、神が生きた神であることを知っています。神は生きた方ですから、私たちに力と知恵を与えてくれます。私たちを無敵にしてくれます。

きょうから一九七八年の十二月三十一日まで、七三〇日あります。秒読みが開始されました。これからの二年間に神が働ける基台をつくらなければ、自由世界の時代はなくなり、アメリカは衰え、人類に希望はなくなります。ですから七三〇日間、ここにいる私たちはみな一つになって弾丸となり、神のチャンピオンにならなければなりません。私たちは、本当に神から与えられた特別の使命を果たしましょう。

きょうから私たちは、自らを神に献身して神のチャンピオンになり、二年間の開拓者となることを、最も厳粛に誓いましょう。私たちは闇《やみ》の中にいるのではありません。私たちは真理を知り、目的を知り、作戦を知っています。あとなすべきことは、神と人類のために一滴のエネルギーも残さずに、自らのエネルギーをささげきることです。

一九七六年、一九七七年、一九七八年の三年間に、人類の何千年の積もりに積もった負債を払っていかなければなりません。これが成されれば、神が私たちと共に住み、天国は生きた現実となるでしょう。これからどんな困難なことが起ころうと、艱難《かんなん》が振りかかろうと、どんな障害があろうと、私たちはそれで身動きできなくなるのではなく、それを打ち破り、最後の勝利を勝ち取るまで前進することを、全能なる神に両手を挙げて一緒に誓い、お祈りしましょう。

三、伝道と世界的使命

一九七六年十月五日　ニューヨーク　ベルベディア

伝道には何が一番重要かというと、霊的力が問題です。すなわち霊界がいかに協助するか、ということが重要になってきます。それが伝道実績に直接関係するのです。では、霊界が援助するような伝道をするにはどうするかというと、完全に一つになることです。もし、組織の中に不平を言う人がいたら、それはサタンの要素だから、これは摂理的破壊基盤となって、すべてが横倒れ、共倒れになってしまいます。そのことをしっかり認識したなら、班長と全体が完全に一つになる以外に道はありません。それから個人伝道、個人実績を強調することはもちろんですが、班全体の成績向上を考えなければなりません。自分はいくら良くても、班全体が良くなければ、やはり自分の責任だ、という考え方からすれば、団体行動をする場合、班全体のことを考えるのは当然です。

自分はよくやったとして、自分の班を自分より以上の班につくり上げるにはどうするか。夜になって、みんなでできないながらも一生懸命やって帰ってきたら、紙で説明したとか、話し方を説明したり、こうしたから成績が良かった、というようにみんなに教えてあげるのです。それからみんなをまとめ、指導する中心は、その班の中で優秀な者がいた場合にはその人を一番の自分の相対として考えるのです。そう思ってその優秀な者を中心にして、自分もみんなと一つになってすべてのことを相談すると、みんなも早くそれに調和していくのです。そういう作戦を立てれば、自然にその班の基準は高まるのです。

一週間、甲が成績が良ければそれにみんながまとまる。次の週は乙が優秀であれば、今度は乙を中心にまとまる。こうして六人の組織であれば、全部が勝利すれば、六人の方法をみんなが互いに研究して、自分のものにして運動すれば、完全に一つになるのです。こうして結局は、実績をいかに高めるかということが大切なのです。

伝道班が伝道し、街頭や訪問や電話で連絡して教会に連れてくるのですが、その背後の組織を組まなければなりません。全体的に循環できるよう、円満に動くように組むのです。

それから来教者には、早く講義をするように。汗を流しながら、涙ながらに講義するのが一番です。講義しながらいかに感動を起こさせるかが問題です。足りないながら一生懸命やりますから、どうか聞いてください。そうして情的に相手の心情を開くように訴えるのです。そうして連れられてきた人々にいかに原理を伝え、理解させるか。講義をする者は責任が重いのです。一人を連れてくるのがいかに難しいか。その一人のために、何人にも会って、何遍も同じ言葉をポロポロ涙ながらに語り、そして惨めな思いを経験しながら、やっと一人と巡り合えるのです。

そして連れてきた以上は、全体の責任を両肩にかけて、頼むような心情で自分に委託したのだから、これを完全に消化して、館に入る時より出る時には、伝道した食口《シック》たちに喜ばれるような結果を多く出さなければなりません。

そのためには祈らなければなりません。祈りの中で涙を流して、生命の救いをいかになすか。自分の一言で左か右かを決定する、分水嶺に立たされるのです。心情的な講義をすれば必ず反応を示します。講義の内容を祈りながら覚え、検討し、み恵みの中に打たれた心情をもって壇に上がるのです。

祈った心情圏を再び表しながら、講義しなければなりません。そうして表裏一体、左右前後一体となって動かなければ、いい結果が出ません。だからこの期間は、いくら気持ちの悪い癪《しゃく》にさわることがあっても、笑いながら歩んでください。一生懸命といいますね。一瞬一瞬に命を懸けることですが、命を考えて、命をはかること、一つの命を懸命に掲げた命令、一生をささげて懸けた命令、責任、という意味でしょう。そういう立派な言葉を知っているのだから、それを成し得て外的に一生懸命が通じるようにしてください。内的にでたらめで外的に一生懸命、そういう原理はありません。原因が素晴らしくて結果が素晴らしくなるのです。

すべては動機が重要です。それがぶつかり合って一つになった場合には、何事も砕けてしまいます。動機がなければ何もできません。私がみ旨を歩むのも、心情的に揺るがない原動力をもっているのです。これを果たさなければならない、という精神的強い動機の前には、何ごとも逆らうことはできません。伝道する時は班長と班員が一つになることです。どのくらい一つになるかというと、神様とイエス様が一つになった以上になれば、霊界は百パーセント協助します。

もし霊界が協助すれば不思議なことがたくさん起こります。街頭でも、何もしなくても通りすがりの人が、「パンフレット一枚下さい」というような現象が起こるのです。霊界が援助するには、神様とイエス様が一つになったように、班長と班員が一つになれば間違いありません。神様とイエス様が一つになったか、班長はそれを反省しながら、与えられた使命を絶対に果たす責任をもって、一つになること。そういうように内的結束を大切にしましょう。

次は、最初が重要です。毎日の生活できのうはいくら気持ちの悪いことがあっても、惨めなことがあっても、次の朝起きる時は、必ず笑いながら起きるのです。これは宗教生活には欠かせない行為です。それが習慣になれば、自然といい顔立ちになってきます。渋い顔が途端に美男子の顔になります。鏡を見ながら訓練するのです。それから、御飯を食べる時も、笑いながら食べるのです。そうすると神様は喜びの主体だから、神様に属する万物と一つになって喜ぶのです。一日三回、朝と昼と夕の食事の時に笑って、朝起きる時も笑う、そのような生活が習慣になれば、その人の顔を見れば自然と深い考え、喜びあふれる印象が残るようになります。寝る時もそうです。その日にどんなつらいことがあっても、寝る時には笑いながら、神様いい夢を見せてください、と望みつつ床に就くと必ず夢を見せてくれます。次の日になすべきことを夢の中で教えてくれるのです。

そういう喜びの生活をしていけば、神様は喜ぶ人を喜ぶし、万物を喜ぶ人を喜ぶのでその人は必ず良い方向に向かっていきます。それが原理の観点です。今まであなた方はそれをやってきましたか。今からでも始めましょう。朝起きて笑う。花が咲き、香りを吹きかけるようにしながら。家庭でもお父さん、お母さんであれば、子供たちにとって、それは教育に一番いいことです。仕事で人に会う時もそうです。いい印象を与えるのです。伝道しているのに渋い顔をしていてはできませんよ。何か内心から素晴らしいことがあふれるような円満な顔をして、今に希望をもって、未来に希望をもって伝道するのです。それはみんなにするのです。三角や四角の顔の人でも、それはそれなりの美があるのですよ。分かりましたね。自分の中に逆らうものがあれば、それはサタンの好む要素だ。サタンの餌《えさ》よさようなら、そういう生活をしましょう。分かりましたね。

きょうは頑張ったけど少し様子がおかしくて、基準が下がったとしたなら、あすは一歩でも上げるようにするのです。毎日の生活の中で自分の心情の安定基準を平均化させないと、それが少しでも傾いた場合には全体に影響してしまいます。しかしその傾いたり下がったりした基準を自分ながら整備し、反省し、あすのために祈るようにしてマイナスを迎えていったならば、発展していくのです。

あすはきょうより一つ強くなろう。きょうは自分の方法がまずかった、話し方が下手だった、身ぶりや表情がまずかった、また原理研究が足りなかった、人生に対する経験や見方が少なかった、相手が好奇心にかられるような魅力的な印象をもたなかった、といろいろ自分で批判しながら、毎日を迎えるのです。最初の日は伝道できなくとも、二日目も伝道できなくても、一週間やればできるのです。一週間できなければ、もっと自分を批判し、良い人の方法を見ながら、情報を聞きながら、三人くらい聞いて自分ながら固めて、そのとおりやるのです。だから人に倣っていく方法が一番利口な方法です。環境から情報を集めて自分の目的に向かって消化していくことは、発展の早道です。

私は今でもそうです。私が歩んできた道はだれも否定できないと思っているし、だれも真似のできないことだと思っているけど、今でもいいものがあれば、それを倣って横取りして自分のものにしよう、と思っています。それと同じように、多くの人々のいいところを、自分に早く引きつけて同化させる主体性をもったとしたなら、そこに多くの人を指導し得る能力が生まれる。それは理論的なことです。ですからあなた方は、仕事をするという思いでしてはいけません。勉強するのです。社会を研究する、人間を勉強する、経済を研究するのです。それは神様にすべてをささげる心がなければできないことです。

勉強し努力をするのが嫌いな人は、落第生です。そういう人はみんなから嫌われるし、みんなから嫌われる者を、神様が好むはずはありません。もし女性が素晴らしければ、男はみんな、班長もその女性の講義を聞くのです。負けたからといって、ぶつぶつ不平を言ってはいけません。私は率直に話を聞きます。負けたとすれば、完全に頭を下げて、勝つに必要な準備をするのです。自分が主体的な準備をして勝った以上、それに文句を言う人は、どんどん退いていくのです。主体性もなく勝った時は、次は負けてしまいます。自分なりの主体性をもって、全体を見破る観察をするのです。班長であれば班長なりに、人のいいところをみんな収集して、情報を整理して、それを全員に教えながら刺激してやるのです。みんながお互いに負けないような方法をとれば、班全体が一体化し、どんどん発展していくのです。

神の摂理から見ると、統一教会は神の摂理の最終の使命を果たす立場に置かれていま す。今日キリスト教界や、あらゆる宗教が準備されているにもかかわらず、彼らと決裂しているということは、これは悲惨なものです。その宗教団体が、統一教会と一つになったとしたなら、我々はもう伝道しなくてもいいのです。しかし現実は一つにならないばかりでなく、むしろ反対しているのです。こういう環境を見る神様の立場を考えたなら、神様はいかばかり悲惨なお方であるか、ということを我々は考えなければなりません。

結局、カイン・アベルの復帰摂理を、歴史において完全に収拾しなければならなかったにもかかわらず、それを果たせずして世の末の最後に来られるお方、結論の基準であるお方に対して試練を与えたということを、今まで人々は知らなかったのです。神様は今までキリスト教や多くの宗教を信頼しながら摂理を推し進め、次の段階のメシヤが来られても、それを知らないで反対された時、今までの基台に完全に逆らう立場に立つその現象を見る神様の心情が、いかに悲惨なものであったか、我々は考えなければなりません。

神様から見た場合、今までキリスト教の教団を中心に、世界的基盤の祝福を準備をしてきました。それがみんな反対すれば、その祝福はどこへ行くのでしょう。今の統一教会は、個人的基盤であり、家庭的基盤です。ですから神様が準備した世界的基盤の祝福を授ける所がないのです。もし反対すれば、その祝福を他に回さなければならないのです。神の摂理に反対する結果になった中心宗教を崩すにしても、原理的期間が必要ですし、新しい中心に神の摂理を移すにしても、何年間以内にという原理的蕩減期間があるのです。その期間内に移されない場合には、みんな崩れてサタンのほうに引っ張られてしまうのです。

キリスト教の二〇〇〇年歴史の祝福は、プロテスタント運動を中心として、二〇〇〇年の祝福としてみんなまとめてアメリカを祝福しました。アメリカが祝福された基台の教会とアメリカ国家という基台が、もし統一教会に反対する立場になった場合、これは二十年以内に収めなければ、みんな流されてしまいます。二〇〇〇年間を二年間では蕩減できないから二十年以内です。二十年以内に収拾しなければなりません。その期間内に世界的な基準に相応する我々の基盤を、いかに位置づけて、それに崩されないように引き継ぐか、というのが今まで私が苦労した課題です。

ですから新しい摂理圏における統一教会のメンバーが、今考えなければならないのは、キリスト教界から讒訴《ざんそ》されるような人がいては、絶対にいけません。全体的完成には世界的にならなくとも、条件的でもいいから、もがきつつ、世界的基準を引き継ぐ基盤をつくらなければならないのです。そうしなければ、今までの二十年、二〇〇〇年の摂理圏をそのまま保つことができないのです。神の祝福は、我々に回らざるを得ない世界の現状なのです。

ですから今後三年間、いわゆる第三次七年路程の終わる時、いろいろな面で国の基準を凌駕《りょうが》して、堂々と立たなければ大変なことになります。国家と世界にあるすべての内容を準備して、それを受け継ぐ体制を整えておかなければ、民主主義圏に与えられた神の摂理は、祝福は、すべて流されてしまうのです。今日のそういう環境、そういう現状を胸がつぶれるような思いをもって眺める悲惨な神様の前に、その摂理を背負われなければならないお方と人々のつらい立場を考えて、我々は一つにならなければなりません。「私」一人は個人ではないのです。今日までの祝福基盤を受け継ぐ主人にならなければならない一人一人です。

しかしその主人公たるべき者が、まだその基準をなしていないとしたら、世界は完全に滅亡状態です。そうすれば、また神様は悲惨です。私自身もこれらの内容を果たさなければならない使命をもった立場にあります。その心はどんなものであろうかと、考えなければなりません。今日の世界情勢を見ると、共産主義は南米、ヨーロッパすべてを侵しています。こういう結果をもたらしたのは、今日のキリスト教界の責任ですが、結局この時代の一代において使命をもっている統一教会の責任だということを心から理解しなければなりません。もうつらいとか苦しいとか弁明の余地は、我々にはないのです。そして私たちはどんなに反対されても、その反対するキリスト教界を神に祈らなければならないのです。これは誰が間違っているのでもない、こうして統一教会を攻撃するのも憎らしいからするのではなく、神を愛するからそういう立場に立っているのです。怨讐視して一線を画するような思いはいけません。イエス様が十字架につけられた時、祈った立場には、このような内容があったのだと初めてその御心情を理解できるのです。

そういう原理的期間内にそれを収めなければいけないという使命があるから今まで、八〇年代、八一年度までその基準を何とか受け継ぐために、我々の足りない現実の環境であるけれど、死力を尽くして押し立てても、そこまで到達するようにしなければならない天的立場を、あなた方は理解してほしいのです。キリスト教界においても、言論界においても、学界においても、その他あらゆる事業においても、社会的、国家的、世界的な働きのできる人にならなくてはならないのです。すべてを相続できる主体的基盤にならなければならないのです。それも、この限られた期間内に。そうしなければ世界は滅亡に向かうのです。

ですから統一教会は、大変な運命にさしかかっています。神が摂理の前に統一教会を立たせようとしているにもかかわらず、統一教会が世界的な基準に立つことができなかったとするなら、共産主義は、全世界を脅かしてしまいます。そうして、宗教は阿片といい、神はいないと訴える共産主義の世界になったなら、宗教は一遍に滅亡してしまいます。

神がこの世界の主人にならなければなりません。そして神の命を受けて世界を受け継がなければならない私たちが、もし共産主義者によって悲惨な運命をたどるとしたら、神が実にかわいそうです。神の摂理から考えると、統一教会は最後の宗教ですから、それが破壊されたとしたら、宗教の世界は、良心家たちはどうなるのでしょうか。ですから真剣になって生き残る道を命懸けでつくらなければならないのが我々の使命であり、命を犠牲にしてもこの基準を残さなければならないのが、先生とあなた方の使命なのです。

私は今十字架を背負ってゴルゴタの丘に向かうような思いでもって、一人でも行くと決意しています。死んでもやらなければなりません。我々がより団結して、八一年度まで何とかして基盤をつくったなら、世界は完全に神の側に回ります。あなた方の使命と責任がいかに重大であるか、真剣に決意しなければなりません。

もしアメリカが、世界の摂理圏に立たないで、共産主義に奪われたとしたら、三分の二はみんな抹殺されてしまいます。毛沢東は、三十年間に何千万、何億の生命を奪いました。歴史的にこういうことを犯してきた共産主義が、アメリカに対しても行うということは当然のことです。今では北韓にはキリスト教徒は一人もいません。今、もし見つかったとしたら、即刻銃殺されます。このことからしても、神は我々に期待し、震えるような思いで眺めているということをいつも考えなければなりません。私自身もそうです。いかにしてこれを引きつけるか。そのこと以外は何も考えられません。

こういう天的心情を理解して、今度地方に帰ったら、あなた方自身も震えるような思いをもって、八〇年代までの第三次七年路程の基準を何とかして築き上げなければ、たとえ完全でなくとも、条件だけでも立たせなければならない、統一教会の死んでも果たさなければならない使命であることをはっきり知って戦うことを願います。もしある期間内にその基準を果たすことができなかったなら、その時になって不平を言っても、恨みごとを言ってもどうしようもありません。言う立場も、聞く環境ももうないのです。ですからそれを避けるためにも、今はそれ以上悲惨な立場であったとしても、感謝しながら進んでいくところに希望があるのです。それ以外には希望がないことを、はっきり言っておきます。

こうして一つになっていけば、神様は私たちの命を懸けた誠意を知って摂理することができるのです。つらいとか、無理だとか不平を言う余裕もないのです。使命によって生まれ、使命によって生きる以上は、体が痛いとか病気とかということは、休むための条件にもなりません。あなた方に今も苦労させるのは、済まないと思っています。しかし今の済まないことよりも、その時になって済まない立場になった場合を考えると、それが恐ろしいのです。

今回のワシントン大会もそうです。もしこれが失敗したとしたならどうなるだろうか、大きな問題が起きるのです。ですから私にはその日が来るのが、非常に恐ろしいことでした。ですからあなた方がそういう心情をもって一つになっていけば、八一年までは何とかして勝利の基台がつくられるのではないかと思います。そしてできれば一年でも前に、それを越えるような基準をつくったとするならば、それは世界に偉大な貢献をすることになるのです。その前に何とか犠牲を払っても、いかなる悲惨なことを見ても、それを進めて、そこまで到達させたいのが私の思いですので、あなた方が私の身代わりとなって働いてほしいのです。

その時、峠を越えた場合、共産主義はもう下降しています。世界で私たちに反対するものはなくなっています。今の困難なこの世界と時代に、我々の何年間の活動によって新しい方向性と新しい理想圏が生まれるという偉大な奇跡が必要なのです。歴史的緊急事態に歴史的使命感に打たれる若者にならなければなりません。

今度が最後です。復帰摂理歴史上の宗教活動において、これが最後の戦いです。今日の世界情勢を見てもそうなっています。今は世界的主人がいません。個人においても、自分の主人を失い、家庭にも社会にも主人がいません。いかなる国も世界も、主人を見失っているのです。その主人公を我々が取り戻さない限り、神の摂理は完成しないのです。ですから励んでほしいのです。

あとわずかののちに迎えるその日まで、つらくても辛抱して、後退せず歩んで、勝利の旗を掲げて神に凱旋の歌をささげるのが我々の使命です。数は少なくとも、渋いみにくい顔をするのではなくして、喜びと希望でもってこらえながらも、笑顔で勇みつつ、苦しみを忍んでその目的に前進する姿を、神、天地と共に頼りとするのです。またそれが、神と歴史と、私とあなた方の願いであると思ってくださいますように。

四、劇的な伝道

一九六七年六月　東京教会　講論大修練会　終末論のあとに

聖書を見ると、イエス様が復帰された生命の木、父母として現れ、新しい生命の道を開いた。そして霊肉共に勝利の基準を立てなければならなかったのだけれど、それができなかったので、ヨハネ黙示録第二二章一四節におけるごとく、我々は再び生命の木に入らなければならない。それはもう完全復帰になっておる。

それから一七節には伝道があらわれている。「御霊《みたま》も花嫁も共に言った、『きたりませ』。また、聞く者も『きたりませ』と言いなさい。かわいている者はここに来るがよい。いのちの水がほしい者は、価なしにそれを受けるがよい」。

御霊というのは聖霊をいう。花嫁は地上に現れる母であり、聖霊は母の霊である。今まで聖書は生命の木だけを復帰の目的としてきた。しかし、善悪知るの木は現れていない。それが何かというと花嫁である。それが善悪知るの木として再び伝道があるわけです。父母の伝道があるわけです。

この一冊の聖書はそれを示している。だから堕落したのをイエス様が来てその道を開いて、その基準を復帰して、それから新郎新婦が成婚されて、新しい父母の理想とした、全国の再伝道があるわけです。これほど明確にすべてを現した聖典はないというのです。愛を中心として人間が堕落したことと、神は愛であることを歴史を通して教えているのが聖書です。堕落の経路や、生命の木の問題とか、善悪知るの木の問題とか、黙示録における生命の木に再び戻るという内容がなかったなら、聖書じゃない。だから始めと終わりが一体だ。ゆえに復帰完成がなされる。

他の宗教の経典を読んでみてもそうではない。始めからぼやーっとしている。根本が神であるということがはっきりしない。仏教にしてもそうだ。あいまいな基点から出発している。

しかし、聖書ははっきりと神を中心として、人間との関係をずっと一貫して歴史性に基づいて現している。各時代性に応じて適合する内容を、預言者を遣わして記録したものだ。だから君たちは聖書を本当に研究しなければならない。一方、聖書という名前がおかしいというほど、普通では考えられない問題も多い。旧約聖書には割礼とかいろいろな内容がたくさんある。なぜそういう問題があるか。原理を知れば解決できる。君たちはまだそこまで行っていないんだけれども、復帰された世界になれば詳しいところまで説明する時が来るかもしれない。しかし、その時まで先生がいればいいんだけれどね。その時君たちは祈らなければならないが、三分の一は君たちに教えてやれない。なぜかというと完成基準が残っている。世界がまだまだその基準を残しているから、その世界に対してみんな教えてやることができない。

蕩減条件を立たせて、自分たちの五パーセントにある基準を、ある個人だったら個人、家族だったら家族、民族だったら民族、国家なら国家、その国においての過程は誰しもが通過しなければならない。そういう基準がないから一〇〇パーセント教えることができないというんだね。だから『原理講論』には先生が今までずーっと生涯を通して蕩減の道を歩んできたその内容は一つもない。ないでしょう。いかにして蕩減条件を立たせたか、それは今後出る問題だね。これを詳しく説明してやると君たちが引っかかる。分からないのがかえって幸福かもしれない。だからまだ聖書を中心として伝道するのが、何よりも我々に効果ある原理的道である。現代二十世紀は欧米文明である。欧米文明の精神的基盤は何かというとキリスト教である。だからそれを動かしたら世界が回るというんだね。外的にはみなできている。だから今後は我々の理論をいかにして神学界に問題にさせるか、大旋風を起こすか、そういう戦法をやらなければならない。

日本でもアメリカでも少しばかり人数が増えれば、「ニューヨーク・タイムズ」あたりを一週間全面買って、原理を世界的に発表するんだよ。金はそういらないよ。多少の賞金をかけてみて、世界の学者たちに、原理を研究して合格した人に対し授与すると宣伝してごらん。学者たちは目を丸くしてビックリするよ。伝道のやり方はいくらでもあるんだね。

この道を国家的運動まで展開せしめるにはいかにすればいいか。牧師の世界的基盤をつくる。それから何か、その思想的基準に立って、世界の哲学者たちに対し問題となるような基準を確立する。そうすれば自然と知識人たちは研究せざるを得ない。そのときに我々は実績を添えて世界的旋風を学界に起こすんだね。優秀なる学者たちを前面に立たせて、学会を中心として思想的体系を彼らに発表するようにさせれば、自然と問題になるんだね。そうしておいて、我々下のほうでも基盤をつくっておく。それらが合体して上下共に全国的活動が成っていくんだね。だから学生部の運動は非常に頼もしい。

有名な教授陣たちを指導教授として我々は教授団をつくる。できれば哲学方面の教授たちを指導教授として全国的に数十人結べば大きいものになるよ。そこで文化的活動をする。雑誌や新聞などを、知識層を目的にどんどん出版する。そうすると、「来るな」と言っても自分からやって来るようになる。人間は今より利益になるところだと認めたら、誰が防いでもそれを越えてくるんだね。だから我々の理念が誰にでも必要だということが認識されるようになると、それは自然と全体的基準にならざるを得ない。その時は必ず来る。そうなると、我々は新聞で宣伝するのではなく、直接実体でもって宣伝するようにせよ。

ある村に行けば、村の人たちがみな、あの統一教会の人たちはああいうふうにして国家を愛するのか、実に素晴らしい、と津々浦々まで誰もが認めるようになってくる。このようにして下のほうで実績基台をつくり、そして上のほうでは学問的基準を立てて、これを問題化して一致させる。そうするとこれは国家的問題になる。

宣伝するには、商売人みたいに、内容もないのに大げさにするのではない。我々は八割宣伝する。そうして宣伝を聞いて統一教会に入ってみると、世論以上の内容がある。だから入ると同時に、もっと深いまじめな立場に立たなければならない。しかし一般社会では、十の基準のことを五十くらいに宣伝している。入ってみると、何だうそじゃないか、そうなったら回れ右しちゃう。だから八割宣伝する。

一つの時間圏内に北海道で「ヤァー！」とやれば、九州でも「そうだ！」というように一線上に立って上下共に動かしたなら、たやすく勝利が得られる。急激に実績を得られないといって嘆くな。我々は黙々とやっていくんだ。

ほうぼうに分けて伝道するより、重点的にやったほうがいいと言うかもしれない。しかしそうしたなら、全国の世論を実績ある伝統の基準に立たすには、各分野におけるそれだけの、少なくとも三年から五年以上の時が必要である。そういうふうにする時間は我々にはない。数少ないものであるけれども、全国的にみな散り散りにさせて、そこにおいて我々はあるったけの力を尽くして伝統をつくるんだね。路傍伝道もする、若者の君たちが。だから年を取った人も、おじいさんもおばあさんもみな同じその目的に向かって一つになっている。一つの行動に合致している。そういうふうにやることも必要だ。

我々統一教会の七年間において、数はそう多くない。だが統一教会は休まず発展している。一般の目から見れば、彼らの数的基準においては十倍、二十倍、三十倍も多く感じている。それは、ある団体を中心として考えれば、十万なら十万の人がいる。その団体があるいうように犠牲的活動をするのは何パーセントに違いないと、その統計を統一教会の活動にあてはめれば何十倍になってくる。

だから、実績が問題だ。思えば思うほど、彼は真に真面目であった。本当に真面目な人間だった。地域の人たちは、自分の子女をもっているでしょう。娘や息子をみなもっている。しかし、息子たちに比べ統一教会の青年たちは汗だらけになり、その涙ぐましい生活環境内でも忍耐してやっている。自分の子供よりいいな。彼らは尊い男だと思わざるを得ない。自分の息子よりも頼もしい。もっとこの国家に対して必要である。地元に対して模範的である。そういうように考えざるを得ない。そうなると自然とその親たちは、心で我々のほうに立って自分の子供たちに命令する。「なんだ君たちは、統一教会の青年たちみたいに一つでもやれ！」と言う。遺言で、自分の子孫に教えるようになる。これは現実の効果にはならないけれども、その親の心を通して最後の臨終の時に、遺言をするというふうになると、その子孫全体をつかまえる。ここから新しい国家、新しい国民思想が現れてくる。それが問題だ。

初めは、「何だ君たち、帰れ！」とか何とか言ったおじさんなどが、そこを訪ねていくと、かえって自分の食べているお膳まで出して、「さあ、お供しましょう」、そういう段階に入ってくる。そして地元では、あの若者たちを慕っていけ、というようになると、実際はそこに統一教会の人がいなくても、間接的に統一教会圏に入っている。そうしてある国家的風が吹いて、一遍に台風が起こってしまえば、みんな倒れちゃう。その時に再び伝道に行った人たちは、昔を回想しながら語るんだね。誰それはどういうふうに反対した。初めはこうだった、こう協力してくれた。我々が地方を離れる時はどうだったとか、現実の立場において、新しい刺激を与えるような条件をいくらでも探り出すことができる。そういう基準が立つと、その時になって、我々は勝利の実価、本当の価値を収穫できる。まあ、種を蒔いて十年待つ。そういう戦法でいく。

街頭演説なども統一教会の青年を立たせればトップを切る。高校卒の若者や、三十歳に満たない者ばかりだ。相当年を取ったり、大学卒やかなりの経歴をもって自信をもっていて、いい加減なことを言っている政治家は、我々の理想に対してみんな頭を下げる。統一教会の青年たちを何でもないように思っていたのだけれど、つきあってみて、彼らは自信を失ってしまう。今までの自分の国を愛する精神的活動の実績から見て、それから思想的世界観においても、現実の時世における批判、分析の基準から見ても、我々にかなわない。だから各種団体のメンバーを修練するとか教育するとかいう時には、若い者が四十歳以上の者を教育するようになってくる。

私たちの闘いを、三年くらいと見る人が多い。しかし三年以上も突破していく。そうすると彼らは首をかしげだす。そこから問題になってくる。彼らの内的城壁がだんだん崩れて、ああ、素晴らしい、ああいう精神がどこから出たんだろうと関心をもたざるを得ない。我々が苦労しているのが分かると、自分からやって来て助けてくれる。そういう現象が起こり出したら、地域全体が方向を決めて出発し始めたという証拠である。そういう方法でもって続けた結果、今みんなそうなんだけれども、全体的にある基準をつくる段階になってきた。それは統一青年たちが苦労してきたからだ。苦労したというけれども何もないよ。苦労した人は幾人もいない。何千人かの人々が国のために汗くらいちょっと流し、腹をへらし、ある者は血を売ったこともあるでしょう。それは問題でないよ。国を救うには、何千万の百分の一までも犠牲にして、国家の非常時には、それを成し遂げなければならない歴史的必然もあるのに、天宙復帰という目的をねらって進むその過程で、何千人、何万人の汗くらい何でもないんだよ。苦労なんてものじゃない。

それもなしに天宙復帰を望むというならば、それは泥棒根性だ。あまりにも苦労の基準が低い。それを思うと神に申し訳ない。限界状況をたやすく動かすには、それに反比例する大いなる神の御苦労があることを知らなければならない。

実績をもって問題を解決していく。問題はいかにして実績基台をつくるか、何十年になるか知れない。現世においてこういう活動に適合した信仰生活をしている人たちは誰かというと、仏教徒でも、儒教徒でもない。やはりキリスト教徒だ。キリスト教は現実圏内において信仰基準が決まっている。だからこの時代に対応して活動するに必要なる人材はキリスト教徒だ。ではこれをいかにして切り開くか。

『原理講論』を牧師さんに分けてやるんだ。初めはみな貸してやる。「この本を読んでみなさい」と言って。統一教会の教理を知らないというと、いよいよ自分の立つ足場がなくなるんだね。土台が崩れるようになる。なぜなら、信仰の篤い者たちが統一教会に来てみな伝道されていく。既成教会の重要な核心分子たちが、みな自分から来て入教してしまう。どこへ行ったのだろう。山にも祈りに行ったとか、何か復興会なんかに行ったと思っていると、あっという間に統一教会に行っている。そういうふうになってしまう。だからこれに反対するには、大げさなうわさでもっての反対では通用しない。教理的に反対を弁明するような立場の段階に入っているんだから、我々の原理の本が必要になる。読んでみなさい。読んでみるというと、問題が大きくなってしまうんだね。だから一冊ずつ必要な牧師には貸してやって、読んでみてもっと研究したいという考えをもつ人がいれば、そういう牧師さんに対しては、自分が一冊本をもらったというその証明書とともにその本を寄付する。三〇〇〇人くらい寄付を受けた人たちがそれぞれ二回ほど読めば、三分の二は我々のほうに来る。素晴らしいことだ。

牧師さんの説教の準備というものは難しいものだ。一年中やっているから、牧師さんは説教の材料がない。その材料にと原理を見たら大変、昼飯くらい出してもいい気持ちになる。説教の材料が何年どころではなく、聖書のどこを開いても、原理観から見ればいくらでも説教の材料に使える。そうなると、それによって話さざるを得ない。話すというと霊界のほうで協助するもんだから、礼拝がとても恵まれてくるんですね。

君たち、今まで伝道するといっても漠然と伝道して、責任をもった伝道をしなかった。伝道するにはまず祈れ！　今まで我々は自分の本当に愛する父母たちに伝道する期間がなかった。しかし今は、天のほうから伝道するには自分の血統関係の人を伝道せよというんだね。その中から一番信仰的な人たち、さもなくば、同級生などの生涯の友人、我々命を懸けても救うべき友達を十二名選べ。選んで一二〇日間彼らのために祈れ！　一時間伝道するんだったら三倍祈って訪問して伝道せよ。十二人の名前を書いて、そして祈りながら毎日訪問して伝道する。そうすると相当の影響があると思うんですね。

訪問すると最初はブツブツ統一教会だとか、異端者だとかいろいろ悪口言うかもしれない。あるいは門前払いされるかもしれない。それが楽しみだ。それが笑いの種である。我々の生きる種である。肥料みたいなものだよ。芽が生えた稲なら稲に肥料をやるだろう。肥料をやるというとまるで違うんだよ。そういう現象が追っかけてくる。それが信仰者の肥料になるよ。だからこういうのが我々の生活の趣味である。あの人の口は怒ったときどういうふうに突き出たとか、目はどういう三角の目をした、顔つきはどうだったと、ずーっと思い出して、自分は笑いながら帰ってくる。そこに勇士たる姿があふれている。それをつらいように考えるからつらい。

今は世界の危機中の危機である。我々はその世界のスターとして、主人公として演技をやる。そういう勇士の姿を霊界が見て、「我が勝利だ」と言って歓迎せざるを得ない。サタンのほうは「アーッ！」と言って悲しむ。そういう実感を感じながらやるんだよ。だから迫害され、追い出されるのはおもしろい。

我が生涯に一つの記念を残す重大な事件である。神の前へ行った場合に、それが問題になる。そのおもしろさが、もし重荷になると未来のためによくない。初めみんなそういうようないい気になれない。統一教会へ入ってもまずいものだね。これが最高の統一青年に対しての答えか。それはそうだよ、それは素晴らしいことだ！　問題がもっと大きくないのが惜しいなと思え。世界を伝道するには、それくらいのつらさは当然ある。それを避けようとするのは真実ではない。そういうつらさの中で真実たるその基準を保つには、自己の内部において絶えざる闘いをして、勝利の証拠を表してこそ、真実一体となる。

君たちは生きている。自分は生きている。これは分かっている。生きているのだけれど、自分が今生きるための闘いをしているということは、観念的にも分からないんだね。しかしこの一戦下において、猛烈なる死に対しての闘いをしている。闘いをしてその勝った基準に立っているから君たちは生きている。一度ひっくり返れば墓場行きだ。

我々統一教会は、最後の勝利のために一歩一歩進んでいく。きょうはこういうことがあった、あすはこういうことがあるかもしれない。しかし我は行く！　だから君たちは反対せい。三年以上反対できない。真剣に熱心につばを吐きながら反対する人は、大概三カ月以内だ。三年も黙々続ければ、それは必ず勝利するよ。我々は三年ばかりじゃない。三十年、三〇〇年、三〇〇〇年もかまわない。我が子孫を立てて遺言を残しても、そういう戦闘者をつくろうと考えている。既に勝った戦争をやっているというんだ。

韓国におきまして、先生は一生涯をかけて戦ってきた。あらゆる荒波を越えて、ある段階までやってきた。イエス様の時代だったら、先生はもう地上にいないよ。民主主義とか、言論、結社など自由時代に入っているのだから、まあ、これは我々を立たせるために、神がこの末の時代に賜った賜《たまもの》だ。その基盤があるから、長い間戦いながらも残って、ある基準まで来たんだ。今は先生が死んでもこのみ旨は世界を統一する。

先生は安心する。最近は、疲れた場合に昼でもちょっと休むことがあるけれど、昔は昼寝など夢にも考えてない。先生は三十歳まで腹がすいていない時がなかった。自分の金で自分の下着を買って着たことがなかった。新しい洋服などもそろえたことはなかった。なぜか。それは三十歳基準を中心としての先生が行くべき道がある。天的使命を果たすその目的が最高の問題であり、重大なその焦点である。それを果たさずしてサタン世界の波に寄りかかり、いい気になって着物を着たり、いい加減なことを言ったりできるわけがない。それをやるよりはかえって飢える、腹をへらす。それが一つの刺激の条件だ。こういう生活をするのは、あの目的を早くなさせんがためであり、こういう惨めな生活もあの目的を促進せんがためにと、すべての精神を集中させてやってきた。

ある時はどのくらい食べられるか試してみた。牢屋に入ってみれば、いくら食べても

食べてもまだ食べ足りない。その境地に立つ。何を食べてもおいしい。今日は記念に腹一杯食べよう、友達を連れてね。その時は配給時代だから、飯屋なんか行けば、瀬戸物の大きな茶碗にくれるんだね。そうして食堂に七カ所も入ったんだね。みんな食べてしまったら、ここまで来た。首の所までだ。蛙みたいだ。そこで座ることができない。コロコロ転がりながら考えてみた。腹がすいていた時がかえって楽でいい。たまりきれないな。腹がふくれても困るし、へっても困る。先生はみな劇的にやるからおもしろい。

ある時、活動しやすい身支度をして、労働服で川崎の乗船場にのこのこやっていく。夜二時に出発して、ずっと横浜まで行ってしまう。労働場に行くんだね。そして飯場の親父なんかずーっと見るとちょっと気持ちが悪い。学生とか労働者とかみんなの中に立っては搾取する。会社のほうから本当の自分の賃金がどのくらいか、そうして自分に配当される賃金がいくらであるか分かってみると、その差額は彼らがみな奪っているんだね。これじゃいけない。そこで、「おい、君！」と言って気が合わなかったら、それはもう吹き飛ばす。こぶしの打ち合いはしないよ。技術と口でやる。こういうこともよくやったんだ。

品川の、今もあると思うんだがね、ずーっと品川駅を行くと道がこうなって山があるんだね。時間があれば行きたい。それから虎ノ門の所、あそこの地形も忘れられない。学生としてでなく、あらゆる社会の状況に、荒波の中でもまれながら、新生児としての価値の境地をいかに打開するか、その責任をもちながら、いろいろ先生が対決してきた所だ。だから若い者たちは、三十以前は思いきって何でもやってみるといい。

周囲から迫害されても、じーっと耐えて反抗しない。何も言わず黙っている、それがおもしろいんだよ。人間は、いつ目的に対して崩れるか知れない。そういう可能性があるんだから、我々はあらかじめテストしておく。自分が打たれたり、拷問されるような基準を率先して体験しておくんだね。善なる立場に立って、追いに追われてずーっと行く。そうやって瞑想《めいそう》しながら、自分の人生の過去と現在と未来を通過しつつ、新しい人生の味わいを体験するということは、最も必要なことだ。そう考えると、伝道に行くとか、地方に行くとかいうのは、実際素晴らしいことだよ。

波も静かな海の上で、大きい岩でもガーンと打ちつけると、数多くの水玉が散って広がる。それを眺める時の気持ち、それは劇的だよ。そう思うだろう。研究していくんだよ。こういう話をすると、向こうはこういう反応をするだろう。ずーっと考えて、こうなるだろう。打ってみるんだよ。そして自分の研究したのと一致すると気持ちのいいことだよ。あの人の閉じてる口を開けて笑わせてやろうと、それを闘いの相手として話をするんだよ。笑うような気がする。その人を横目で見ながら、十分以内と見当したのが三分以内にワッハハとなる。それはもう、うれしいんだね。

先生は説教する時に、ある場合には戦いをする。また、神の話をするとサタンが現れる。たまらないね。あるゆる神経が一つの頂点に集中する。そこでパーンと打つんだね。すべての聴衆は目を回す。だからサタンを追い出すだけの強い実力が必要だ。信念とともに実力が必要である。まず信念で打って勝利しなければ、実体において勝利できないというんだね。

だから原理研究をする。まあ、世界理想のために行く信念が世界を統一する。あり余る気持ちをもって行くんだ。万里の長城の形をとらなければならない。だから荒波が寄せてきても問題じゃない。それは当然あるべきことである。一回、二回、三回、回数の差があるだけであって、荒波が寄せてくるのは自然現象である。我々の復帰路程において、それをよけて通るというようでは、その路程において勝利者になれない。自分勝手にしては、後世に自分の青春を残して、それを授けてやるような中心人物になり得ない。分かる？

荒波があるのは当然だよ。先生がもしそういうこと考えなかったら、ここまで来れない。もう、いずこかに飛んでしまう。六〇〇〇年もの間神をいじめ、神のみ旨に逆らい、あらゆる人類を自分の掌中に収めて、自由自在に世界を主管してきたサタンのその知恵たるは、君たち、想像つかないよ。サタンの迫害にはあらゆる戦法があった。ある時は近いもの、ある時には怖いものと、いろいろ作戦方法があり、世界のあらゆる事件がみなそれに利用されるような戦法をやっている。あらゆるものが重なっている。それを自分が解決するために生まれた運命をもっていると自覚する。だから我々は運命の路程を行くというんだね。

　誰が何と言っても、いくら反対しても、その人は自分のことをやるのであって、私が行くのは私の定めた道を行く。ブツブツ言う暇がないんだよ。一つ峠を越えれば、また次の峠へ行く準備が忙しい。越えるごとに忙しいんだね。その峠に現れた敵が問題でないよ。そういうふうに行くんだよ。先生の後継者になれ。先生の行く世界に行きたかったら、そういう楽しみをしなければ行かれないよ。分かるの？

　まあ、世界はそういうふうに動く。大学を中心として学者たちをねー。実績を上げて上下すれば、台風が吹いて、そのうちに善の方向に行く。だから復帰の路程を考えれば、まず基盤をつくる。最初基盤をつくるのに大げさなことは言うなというんだね。伝道に行っても、反対の姿勢が見えたならそのすべての環境に、自分が動き得るような基盤となるように働くのが知恵のある働きである。村であれば村に行って、基盤となるように皆に協力する。

「ああ、我に来い！」。自分が僕《しもべ》の立場でみな教えてやる。それがある基準になればそれから行動を始める。万物創造は地をつくって基盤とし、それから物をつくり出した。創造の材料たる土をつくって、それから言葉を中心として神は創造した。もちろん土も言葉ですがね。我々は、万物の創造をなし得る基盤の土をつくったと同じように基盤をつくって話す。話はうそでなく、話すと同時に彼は行動する。話さない前に行動した経験があってから話すことはもっと必要だ。それから話に一致した実体を見せる。それから何を見せるか。心情を見せる。これは復帰の過程である。そういう戦法を必要とするんだね。最初に行って基盤をつくる。不利だったら、口を開けるな。環境をつくれ。自分に対して関心をもつような行動をして、絶対的環境をつくるんだね。普通のことをしていたのでは関心をもたない。大学生が地元なら地元で教えてやるとか、それは当然だ。人が普通では考えられない反対のことをやるんだね。地元の使いものになる。これは関心をもたざるを得なくなる。心ある人や良心的な人ほど関心をもってつきあってくれる。関心を起こして、自分が行動し得る基盤をつくる。期間が問題だ。実績を認めさせてから、のこのこその実績十に対して五くらいの話をするんだよ。聞いていた人その人が、その話は間違いなくそうであると知ったとき、今までの何よりも、その人の心が感動して、それを実行したい気持ちになる。

一人の時は、心情が現れてこない。人格基準は完成できるけれど、心情圏は現れてこない。実体基準になって、自分より創造された相対基準がなるというと、天的心情が現れてくる。そういう意味でもって自分の相対基準をつくる。そうして天の息子が現れてくると親の心情でもって対してやるんだよ。自分がいなければ彼はどうなるか。寝るにも寝れないような心持ちで対してやる。すると自分を頼ってきた場合は、それ以上うれしいことはない。労働をどうしようかが問題ではない。寝るのが問題ではない。そうするのが問題ではないような心持ちにならなければ、彼は真の天の息子、娘になれない。それが親心だ。今まで六〇〇〇年間も別れた親子同士の落ち合う喜びの心情圏である。そこにおいて神に抱かれて関係を結ぶと、信仰の子女関係が生まれる。

その伝道された人にとって、一生涯伝道してくれた人が忘れられない。だから神に感謝することがあれば、統一教会に入って感謝する。真面目に自分のために労も惜しまずに力を尽くしてくれる人があったら、まずその人に感謝する。子供は自分が成功した場合には、親と共にその喜びを分かち合いたいというのが真の心でしょう。伝道された人もそういう心をもってこそ、心情的嫡子だね。伝道もこのように原理的にやる。原理的に心情基準が立っているのにサタンがそれを打った場合にはそれは裁かれる。そこからひっくり返る。

だから皆さんは、日本を中心にしてそういうふうにやるのですよ。環境をつくれ。関心をもつようになれ。大学生や高校生たちは、普通なら世界に通用していい気になって、町をのこのこのぞきながら歩いているのが現状なのにね。あの統一青年たちはどうしたんだ、と関心をもつ。路傍伝道ばかりじゃなく、廃品回収もやる。廃品回収はとてもいい。誰でもが嫌がることをやる。それをしてどうするか。自分のパンのためにやるのではない。国のためにやる。

先生は世界の地図なんかずーっと見ながらね、いろいろなことを思って一人で喜んでいるのです。自分の心を天国にして、未来の万民、理想と共に楽しんでおくというのですね。

誰か北海道から九州まで、歩きながら伝道した人はいますか？　日本を愛していないな。先生は昔、のこのこ山道など歩いたんだよ。今は歩くのに本当に適当な道になった。夜中、いくら裸足で歩いても怪我しない。アダムがいつ車に乗りましたか？　復帰には、蕩減《とうげん》条件を立てることが必要だ。

堕落した人間が六〇〇〇年間神と別れたまま苦労の道をたどって、ようやく神のみ前に出ることが許されたその時こそ、正に一番うれしい時である。その喜びは何で表現するか。歌か、笑いか。踊りなら体全体で踊ろう。

ある全体の中で、直接的位置、つまり最低から最高まで、直線的一つの基準をつくろう。蕩減の基準としてつくらなければならない。だから、君たち、我々はみな新しいことをやってみる。何ものもやれないことがない。大学生でも、田舎へ行ったらクワを持ってお百姓さんになるんだよ。統一教会の原理が分かった人は、みんなどん底からはい上がってくる。だからそこにおいて全部がそうだから、そういう路程を通過する。

統一教会の人たちは、絶対、できないという観念をもつな！　やればできる。何でもできる。そういうふうにして、我々は東京よりももっと大きい素晴らしい都市を皆の手でつくりたいね。材料から何から、全部統一教会のものとして神のみ前にささげられた物でつくる。そうしないと神は喜ばない。サタンが今まで使い残したものはよくない。工場を造る。みな成約聖徒でやるんだよ。

五、伝道について

一九六七年六月二十三日　東京教会　講論大修練会

伝道の仕方は簡単だ。自分を供え物にすることである。全体が認める環境に立って、いかに供え物となれるかという、その基準を遂げれば簡単だ。供え物にならない前に、いくら効果を願っても結果は上がらない。そこにはある段階というか、境目がある。その境目を越えたら、つまり、死んだ供え物ではなくて蕩減《とうげん》条件を越えた復活体となり、新しい道が開けるのが原則だ。

イエス様がいくらユダヤ人に追われても、十字架につけられて再び復活した圏内には、サタンのいかなる力も、勢力も侵入することはできない。それと同様に我々もそういう過程を必ず通過しなければならない。それは原則である。天にささげられ人々に認められる、その基準をいかに通過するかという問題は、我々のモットーとしている父母の心情です。体は僕《しもべ》の体でもって、汗は地のため、涙は人類のため、血は天のために流すその方法しかない。君たちは生活しながらその生活圏内において、自分がいかに天に即しているかを、自らの心に感じなければならない。「ああ、つらくて仕方がない、なぜこういう蕩減の道が残ったんだろう」。そういう気持ちをもったのでは何にもならない。

伝道のために行ったなら、一から一〇〇まで常に全体のためにやる。彼らのためすべてをささげるために来た、という心情だね。それを地元であれば地元、町であれば町というように、自分が責任をもったある地域において、いかに相対的環境へ認めさせるかである。それには、もしも東京であれば、東京は広いでしょう。一二〇〇万も住んでいる。これを一人では到底伝道できません。いくら何十年、一生涯回ったとしてもできないんだね。

そこで自分のやるべき手足としての人たちが必要である。そのためにはまず伝道をする。そうして伝道しては、自分がやるべき仕事の一部分を分担させ得るような、人格者を早くつくるんだね。そういうような人をつくるには、自分の精神を込め、自分の思想を受け継いだ自分そのままの身代わりとして、いわゆる第二の自分にしたような人をつくって全体の環境に送り、使命を与える。そうすればその環境においての蕩減復帰の基準が立つ。つまり、その圏内には自然と復帰の道が開かれてくるのです。

だから日本を伝道するといって、一人でいくら祈りばかりしてもできません。自分一人で日本全国を回れといってもできっこない。回るとしても、環境すべてがそれを認めるようにするのは、一生涯かかってもできないんだね。それにはやはり、心情をもった、全国的にそういう使命を分担させて働かせる人たちが必要です。つまり、弟子というか、信徒たちを教育しなければならないということになるんだね。修練会もその方法の一歩だ。そういう日本的復活を求めるため、神はどういう作戦をするか。全部を与えて、みんなに喜んでもらえるのだったら問題はありません。

しかし、やろうとしても受けようとしない。いくら真心込めてやろうとしても受けようとしないんですよ。そこが問題なんだ。いくら食わそうとしても口を開けない。それだからといってテコをもって開けるわけにはいかないでしょう。それは自分が自然に笑いながら開けるようにして、それを食べる形をとってくれないかというようにやる。そこが責任者としてやるべき使命なんだ。言葉をペラペラしゃべって、それだけやってしまえば、ああ、自分の責任を果たしたといえるのであれば、問題じゃないのだね。

神様の言葉は、それが現れた以上、その実体が必要なのである。創造された真価が実際の価値とする実体が必要である。その実体が現れてこないと神様のほうにはマイナスになる。自分が熱心に伝道したにもかかわらず、一人もその結果が見られなかったという場合に、自分の心霊状態において打撃を受ける。結局、それは自分のほうにマイナスになる。そういう時、もしも自分がその結果において反対の刺激を受けても、絶対にそういう打撃を受けてはいけない。それこそ、もっとやりがいがある、そういう環境的刺激を受けるような立場に立って、それは自分のためにもっともっと、良い結果をきたらせるためにこうなるんだという決心をもって進まないと、マイナスになる。伝道はそれが原則なんですね。

いかに真心を込めてやるか、やるには強制的にしたり、嫌々やるんじゃない。自分が自ら慕いつつ、そうしてその言葉についてくるかというそれが問題である。そういうようにするには何よりも人間、何と言おうかね、味のある人間だね。四方八方どこにも必要な人間です。お婆さんにも、お爺さんにも、あるいは壮年たちにも、若者たちにも、子供にまで必要な、そういう人間になったなら、自然とある一方は開かれてくる。

男性としては、彼を男性ばかりが必要とする。それではいけない。男性からも女性からも好かれる、愛されるという、その行動とかいろいろの動きに対して、自分に関心をもたざるを得ない環境をつくるんだね。そして親しくなっていく。それには「オーイ、君来い、聞け」。そうはいかない。職場へ行けば助けてやる。掃除でもやってやる。親しくなる方法はそこなんですよ。彼が一番要求しているのは何か、それを満たしてやるんですね。

人間は一番うれしい時と、一番つらい時に必要な人を求めるんだよ。一番うれしい時に必要な人は自分の愛する人、一番つらい時に必要な人は自分のために犠牲になれる人である。そして大抵の人は一番うれしい時の相手になる。一番つらい時の相手は誰もが嫌がる。そういう場面に立ったとき、彼自身が自分をたどってあらゆるものを相談し得るような立場に立つんですね。これは自然現象なんだ。そういうようにして近づくんだね。それには何よりも、彼が必要とする条件を、犠牲精神でもって奉仕してやる。

ではどこをねらうか。まず神は誰を一番愛するかだね。これをねらう。サタンもそれをねらうよ。例えば修練を受ける人たちに対して、将来この中で、どの人が日本のために貢献するだろう。そういう素質のある者は神もねらい、サタンもねらう。だから我々もそれをねらっていかに早くそれを占領するか。そういう作戦をするんだね。

我々の伝道は、もちろん言葉で伝道するのであるが、言葉が要求する目的は何か。その実体を通して心情の関係をいかに結ぶか。そこが問題である。それには相手の一番愛する、一番関心をもっているその基準を早く連結すれば、それにつれて復帰できる条件が立つというんですね。だから会社とか家庭とか社会の様々な関係を我々はすぐ見わけなければならない。そうして彼が最も愛する基準を、いかに早いうちに占領するか。それが勝利を決定する重要なポイントであるというんだね。そうなれば全日本指導者を中心として、そういう基準で伝道したら日本的救いの道が開かれるんだね。それはいろいろな方面に適用される。ある町でも東京都でも……。だから日本の伝道はそう難しい問題ではない。

日本がみんな信じるようになれば、それは国家的運動になるまいとしてもそうならざるを得ない。我々の伝道がそこまで影響をもたらすには、長い時間をかけて基台をつくって国家のために奉仕する。国家が救われるまで我々は犠牲精神をもって、一年、二年、三年、五年、十年たてば問題になるよ。一つの町だったら町において、十年くらい続けてその人が熱心に働けばその町くらいはね、少なくとも五万以上の町は動かせる。それが自分のためではなくて、公のためにだね。十年間決意して動けば、五万名以上の町は動く。日本は一億だから五万の二〇〇〇倍だ。二〇〇〇名おれば日本は完全に伝道される。だから一万だったら我々は毎年三名以上伝道しなければならない。

イエス様は十字架につけられて復活してのち、一二〇名を集めたでしょう。我々は一二〇名伝道しなければならない。本当はね、世界的なイエス様の勝利の基盤の身代わりとして蕩減《とうげん》し得る基準を立たせようとするには一二〇名が必要である。だから先生において、一二四双の合同結婚式をやったんだね。そうなると君たちも一二〇人を伝道しなければならない。そして伝道するばかりじゃないよ。それをみんな信仰的に指導して協助させて、結婚までさせてやらなければならない。それはイエス様が地上に来られて、世界を中心とする出発基準をつくる時の最初のものである。そうすると蕩減《とうげん》原理において君たちは、イエス様の身代わりとなる立場を目標として進んでいくことになる。

統一教会の人たちはみなこの基準を越えなければならない。だからこの一二〇人はどうしても伝道しなければならない。もし一年間に三名ずつやれば、四十年かかるよ。もしも兄弟が一万あって三人ずつやれば、二年目には四万人になるでしょう。三年目には十六万、四年目には六十四万。まあ三人ずつ続けてやるとしても、日本伝道は十年以内だね。

君たちは一二〇人をいかに伝道するか。これは最後の目的がそうなんですよ。三人じゃないよ。これは仕方がないから最低の問題として、もうそれがなければ天国に入れない。最低が三人だ。だからイエス様は一二〇人を目的として世界的基準をつくろうとしたが、みんな去られて、三人の弟子を引き連れながらゲッセマネの祈りに臨むという、惨めな段階に落ちた。最低が三人だね。

イエス様の願いは最低の義人でなく、最高としての一二〇双、これ以上世界的各国家を代表し得る天的勝利者として立たせなければならなかった。だから君たちの祝福を完成し得た義人たちとして立たせられるべき立場である。その基準を成し遂げないものは、そういう立場に立つことはできないというんですね。しかし先生が今までずーっとやった基準を条件として立つんだね。だから君たちも結婚しても生涯を通して、その基準をいかにしてやるべきかを君たちの信条としなければならない。

さあ、だからね、そういう基準をどういう時期に全うするか。イエス様の立場に立ってやれるか。男だったら一人でやる。家庭をもったらなかなか難しい。子供が生まれてくるよ。子供ができるのだね。自分は東に行くというのに、その子供は西に引っ張るんですね。しかし、この引っ張る感動がもっと強い。だから難しい。一人でいる時に何とかしよう。

もしも君たちが一瞬間にやろうと決意するなら、そこにはまず第一に自分自身を中心とした蕩減《とうげん》条件が必要である。伝道するには、自分自身の先祖から受け継いできたあらゆる罪の現象が残っているが、これをみんなきれいに蕩減しなければならない。我々は個人を中心として蕩減条件を立たせないと、相対環境圏内において勝利の基準を立たせ得ない。だから自分自身の蕩減条件と、それから環境に対して、その環境を救うためには、四人であれば四人に比例した条件的な蕩減を自分が立たせてやらないと、その環境は崩れてこない。それは原理原則なんです。こういう二つの蕩減条件をいかにしてやるか、いかにして決めるか、それを完成することができるか。自分一人では絶対できない。だから、その環境を求めていくのが伝道師である。

もしも十万人の町で十万人が一度に反発し始めたら、自分の蕩減条件は一日以内に立たせることができる。だから問題を大きく起こすほど、蕩減条件を起こす方法としては有益である。やっかいな問題になり、死にもの狂いになる。こういう環境に立つほど自分の蕩減条件としては早いというんだね。

蕩減条件というのは何か。供え物となれというんですね。供え物は血を流し、打たれなければならない。善なる立場に立って、数多くのものに打たれるということは、いずれ数多くのものが屈伏する時、天が褒めたたえる条件になる。それは現象なのですね。したがって、そういう蕩減条件を早く立たせるには、いわゆる正義に立って悪にぶつかる。その方法を使う。

悪なる環境が大なれば大なるほど、自分にとって蕩減条件の期間は短縮する。反比例だね。それは即時に、自分の蕩減条件を立てるとともに、彼らの蕩減条件も立たせ得るというのである。イエス様が十字架につけられる時、世界を支配するローマの兵士たちが、ユダヤ人と一体となってキリストを打ったということは、自分の一個人の蕩減条件とともに民族の蕩減条件、世界の蕩減条件をも立たせたことになるのです。

六、命懸けの伝道

一九七一年三月十四日　前本部教会

救わなければなりません。おいておけば地獄に行くのです。サタンが引っ張っていくのです。そのためにこれをふさいでその人を救うために、真心を尽くすと同時に、その人に会いたいのです。御飯を食べる時も、いつもそのような心が責任者自身の心でなければなりません。

命懸けの伝道

昔は統一教会の先生に対していろいろとうわさがあった。統一教会に行けば、男女関係があるとか、あるいは暗示にかけられるといううわさがあった。しかし、それほどに人間が変わったのは、そんな造作によるものではなく、命懸けの心情があったからです。責任をもった者はその人の命のため、命を懸けて尽くさなければならない。待ちに待つと、門の前に訪ねてくる足音のように、紙一枚の音でも聞こえてくるようになる。この世で男女が愛する愛が問題ではないほどの、そのような心が芽生えなければならない。そして夜を徹して祈れば、来るなといっても来るようになる。そのために、市場に行こうとしたおばさんとか、学校に行こうとした学生も、そのカバンを持って学校に行くとか市場に行くとか言いながら、自分も知らずに教会に来るようになる。そのように皆さんも命を懸けて談判祈祷をし、命を懸けて命を救うために闘わなければならない。計画を立てて、一カ月の内にその人がこれを感じなければならない。

さあ！　天が私と共に伝道するのだ。生活圏の中において天が私と共に伝道することを感じるのである。また、その人と会えば、せつない思いが浮かぶので、話す言葉は心配をしなくても自然に出る。その人に対し何の話もしなくてもよい、会うだけで十分である。

その人が来ても早く帰ってほしい、もう時間になっているから早く帰ってほしいというような思いをもっている人は、伝道をしても何にもならない。帰りはしないかと五分でももっといてほしい。帰るとなると、男なら上着を引っ張りたいし、女ならそででも引っ張りたいような、懐かしい、悲しいそういう心情を味わわなければならない。それは神様の心がそうだからである。今この人が何時間たてば完全に生まれ変わるのに、その時間をとれない時、神はどれほど悲しく哀れだろうか。そのような心情を味わいながら伝道をしなければならない。そのようにして計画を立てる。

あの人を私は一年間で伝道するといって談判祈祷をするのである。既に分かるのである。必ずその人の背後には霊人体たちが接しているので、接している霊を中心として全部整理しておけば、その人一人によってその村が動くのである。全部この雰囲気をつくっておけば豊かになる。そのようにしていれば、その人が私を待っているのかどうかすぐ分かる。そのような体恤《たいじゅつ》的信仰生活をすることによって、天が私と同じ生活圏内で共に伝道することを知るのである。

動機がないのに結果があるはずはない。先生を慕うということがあるが、それはただそうするのではない。思慕することのできる動機の実体がある。植えることをしないで収穫を得ることはできない。主体と対象は必ず相応するようになっているから、その動機が完全であれば、その結果は完全なものである。そして命を懸けて命の動機をもたなければならない。

伝道は対象を選ばない

皆さんが伝道する時には、「若い人だけを伝道しよう、できるだけ大学を出た人だけを伝道しよう」と思うかもしれないが、それではいけない。人を区別してはならない。ただ私がその人にどれだけ真心を尽くせるかということが問題なのである。人に対して伝道する時、口で伝道する時、よく聞けばそれは救いであり、よく聞かなければ裁きである。恐ろしいのである。責任をもって伝道をして、医者が注射をすることによってその人を生かすことができるか、というような深刻な問題である。

命を扱うのは簡単ではない。あの人があいう立場の人で私たち教会のために利益になるから伝道をする、そういう考えをしてはならない。教会の利益を天は尋ねるのではなく、個人の命を天は尋ねるのである。一人一人尋ねて教会をなすのである。それで老若男女を問わず、人間は人間としての価値を認めなければならない。その人がいくら年を取って、すぐに死にそうなおじいさんでも、その祖先が善であるならば、そのおじいさんに尽くすことによって、そのおじいさんが功労を立てることができないとしても、民族的なあるいは国家的な先祖の功績があるので、そのおじいさんのために真心を尽くした人が代わりに功労を引き継いで、天の使命を受けることができる。

人を扱うのに車を扱うようにしてはならない。優れていようが、愚かであろうが、顔が良いか、そんなことによってはならない。どんな人であろうとも、神の子なのである。

真を尽くして

今先生は直接的にそんなことはしておりませんが、昔、特に祈祷をする人、山の中で祈祷する人たちが、千日あるいは十年祈祷した者たちが訪ねてくる。私はその人たちを全部知っている。あの人はどんな人であるか全部知っている。知っているといって、そのまま対するのではない。その人が歩んできた時からずっと知ってあげなければならない。大学の教授であるならば、その大学の学生を中心として、小学校、中学校を経てきた学生としてみなしてあげなければならない。それと同じように、それは全部知ってあげて、その人が百点くらい功を積んだならば、その百点くらい知ってあげなければならない。

すべての存在の世界には位置がある。人がやったことは理解してあげなければならない。苦労したのに対しては褒め、そして天に対してやったその全部のことの代わりに、これからより高めることのできる次元のことをやれと命令する。その命令は喜ばしい命令ではない。漠然たる命令であり、以前よりもっと苦労するものである。これがより次元の高い出発である。これに負けてしまえば入る時たくさん持って入ったとしても、出て行く時は何も持たずに出てしまうようになる。

そのようなゲームが始まるのである。そのために真に誠意をもって人に対したかどうかが問題なのである。もし間違ったなら、対人関係というのは全部審判の対象となるのである。その人が良いことを言えば、良いことを言うことによって私が善となり得る結果となり、一言間違って、その命がサタンの侵入を受ければ、私が天の前に審判されるのである。深刻な問題である。

そのためにあす何時に行くと言ったなら、その時間に行く。人間同士も約束を守るではないか。プログラムを定める。皆さん伝道する人に対して、一週間分、二週間分、三週間分、プログラムを定める。大体人は三人のうち一人立つ。それは原理がそうであるためである。天と四位基台をなす天地創造が三数となっているのであり、天を中心として三段階になっているのは創造の法則である。必ず一人を選んで立たせるためには、似た人、ペテロ、ヤコブ、ヨハネ、三人でしょう。全部そうである。それと同じく必ず伝道して立てようとしたら、三人を中心として見ると三×三＝九、十数を取るのであり、三十六名、その中で探さなければならない。

反対する人にも誠意を尽くす

反対する人も捨ててはならない。積極的に反対している牧師や長老に追い出されたとしても、また訪ねていく。こうなると牧師はどうしようもなくなってしまう。血気も飽和状態になってしまう。

その次は「イエス様の愛でもって伝道しなさい」と言った牧師がこうであってはならない、祈祷しようと思うとき、悔い改めなければならないと反省する。そうなるのである。

そうなると、天の父よ、統一教会の青年たちが来たのに私は門前払いをして、これは天の喜ばれることでしょうか？　敵を愛するのがイエスの教えである。その後血気になりきって飽和状態に入れば、これを続けるでしょうか？　それとも下っていくのでしょうか？　続けられれば良いが、続けていくよりも下っていくのが多い。その時になったらぐっとついていって、「牧師様、お元気ですか」と訪ねると、その時は迎え入れるようになる。後ろに一歩下がれば追ってくるのである。それは間違いのないことである。

そのため三十一日以上自分があまりひどすぎたと感じるようになれば、必ず頭を下げ、まず言葉でもって蕩減《とうげん》するのである。だから反対する人はより早い。こうでもなく、あでもない、そういう人はどうしようもない。甘いなら甘い、辛いなら辛い、どちらかにならなければならない。そのために一回、二回行くだけではいけない。十回、百回、行かなければならない。そうすれば天が共に伝道する。

先生は反対する人の家に行って、一年間御飯を食べながら粘った歴史をもっている。一年六カ月、そうなれば相手は先生を刀で打ち殺したい気持ちになるでしょう。しかし、先生が誓った目的のために、先生の道が切れてしまうことがあっても、やることはやらなければならない。御飯をこいながら食べても、やらなければならない。それは先生のためではない。その人のためである。おなかがすくのが問題ではない。自分のために苦労するのではない。先生も楽ではない。先生も苦しくて死にそうだが、相手はもっとそうである。先生のためにその家庭が大変である。破綻するのである。そして、結局は天から恵みを受けるようになるのである。

先生が天の前において、サタンの前において堂々たる者であるためである。先生が御飯を食べられなくてそうするならば罰を受けるであろう。先生が何かを求めてやるのではなく、その人を救うためである。そのために体面を乗り越えるのである。こぶしがとんできても、耐えていかなければならない。そうして、そのような人たちをずーっと屈伏させるのである。あの人は何度であり、あの人は何度であるというように計画を立ててやる。先生は人のためにこのように誠意を尽くした。一番誠意を尽くした人については、その人の全部を知るのである。

皆さん、それをもっていますか？　夜を徹しながら、涙を流しながら、自分の妻が死んだ悲しみ、自分の子供たちが死んだ悲しみも問題ではない。天が必要とする人を探し出すためには、涙と命を惜しんではならない。そうしてみましたか。そうでないと、霊界に行ってもびりですよ。だからそのような訓練をしなければならない。そうだとすれば迫害を受ける道が喜びの道である。おなかがすくのが問題ではない。いくら千万全部が後退したとしても、自分一人堂々と生きた神を証《あかし》し得る、子孫とその機会をつくることができる。

天に同情されるように

自分を中心として、自分がお金をもらえば喜ぶ。そうである。損害を与える人を好む人がいるか。利益を与えなければならない。先生の生活は今もそうである。自分が今、夕方帰ってくるとき、疲れて目が痛くなる、そうであればあるほど苦痛である。その時、きょう私は何のためにこんなに疲れたのか、それを考える必要はない。公的路程に立っているため、天の前に私が損害を与えてはならない。天の前に利益を与える道を行けば、天は、「私を思わないでください」と言っても、思わざるを得ないのである。

そのために、いつも必要なことを皆さんは知らなければならない。いつも天の前に同情を受ける者にならなければならない。皆さんが行く路程において、皆さんが歩む路程において、孝子女の路程がそうであり、忠孝の道がそうである。例えば、一生懸命に勉強している息子にそのお母さんが、「もうそのぐらいにしなさい」と言う。その時、親の言うことを聴かなくても孝子女となるのである。

公的道はそれと同じである。キリスト教信仰の基準は世界のために死ぬ。尊いもののために死ぬのである。それは自分の利益を探し求めていく群れではない。この世においての友達の間においてもそうである。損害を受ける友達を好きなはずがない。一回、二回、三回になると、さっと変わってしまうのである。親子、夫婦関係もそうである。自分のみを中心として愛を要求する人は必ず切れてしまう。一方的なものでは駄目である。それが自分のためではなく、これからのより尊い家庭のためであり、二人が利益となる共同目標のために愛を追求しなければならないのに、共同目標なんかどうでもいいから私を愛してくれなければならない、という人は不幸になる。

真を尽くしてごらんなさい。そうして全部土台にしなさい。真冬でも寒い部屋で祈祷し、手足の感覚がなくなってしまっても、汗でびっしょりになるようにやってみなさい。その村が褒めるであろう。そうなって初めて天が共に伝道するのを知るのである。そのために皆さんが計画を立てて天の前に談判祈祷して、「私がこうやります」。そのような訓練をして実践的生活圏において最後を治めさせることによって、信仰が人格となり、初めて天の人となるのである。

本当にあなたたちはなっていない。今でもどこへ行っても、先生の生活はそうではない。一人で座って心で祈祷する。そのために今日までも統一教会がこのぐらい残っている。それが土台となっている。皆さんは真を尽くさなければならない。人に会いたくてどのくらい夜、涙を流したか。この世は愛が必要である。その命を救うため会うために、夜を徹して祈ったことがあるか。皆さん、どんな気分かというと、特攻隊が敵陣に入って、牢屋に閉じ込められている味方をヘリコプターで救出に行くような気持ちである。時間との闘いの中に人を乗せるようなものである。一人の生命を救うためには、そのような時間の闘いの過程を通らなければならない。

統一教会の伝統

今、統一教会に残っている群れは、私が真を尽くした人たちが残っているのである。それでは、その時先生が皆さんに教えたその伝統はどうなっているか。寝てもさめてもそのとおりにやらなければならない。あなたたちが今やることをやらないで寝られるのか。蕩減《とうげん》条件がいくらでも残っているのに、それをそのままにしていびきをかきながら寝ることができるのか。とんでもないことである。天宙復帰がそのようなものであるなら先生は苦労しませんよ。迫害を受ける必要もない。原則はどんなことがあっても原則どおりである。そのために皆さんは人をどれほど愛したか。

生きた神様が皆さんと共に働いていることを生活圏内において体恤《たいじゅつ》しなさい。それが必要である。これがあれば疲れ果てることがないのである。伝道に行って一年もたたないうちに、何日もたたないうちに、ああ、おなかがすいてたまりません。寒くてたまりません、それが問題でない。お母さんが死に、子供たちが死んでいくのに、寒いと感じるのか。国のために火花が落ちるこの瞬間に、血と涙の出る歴史的な恨みを晴らすこのチャンスを、逃してはならない。御飯が問題でない。それができなければ時を失うのである。その意味で、この路程に従っていかなければならない。

韓国では、家庭を中心として婦人たちも、祝福を与え、「仲良く生活するように」と言いながら開拓に出した。なすべき責任があるから全部出させたのである。しかし、婦人たちを送っておいて、その子供たちが母を慕うより以上に先生は思っているのである。

皆さん、責任者というのは人をだましてはいけない。それは後退するのである。来て損害を受ければ残るものはない。この原則をもって、皆さんは伝道しなければならない。与えるときは真を与えなさい。真なるものを与えなさい。原則というのは誰かの食べ残しではない。自分の兄弟たちに与えずに何になるか。一番貴重なものを与えたために、それに報いなくてはならない。死も覚悟して行かなければならないのが統一教会の道である。

伝道の楽しみ

皆さんはこのようにして人のために伝道してごらんなさい。天が共にある道を知るのに一番早い道はそれしかない。皆さんは子供を愛するという言葉を知っていますか。今、とっても醜い、愛らしいところは一つもない大木のようなおばさんでも、子供など産めそうにもないおばさんでも、子供を産んだら、そのおばさんからも鼻歌が流れてくるようになる。子供を産んでみれば、その大木のようなおばさんでも、自分の子供は愛することを知っている。子供を産んでみなければならない。

それと同じである。天の愛があるかどうか分からない。天の人格的価値が私にあるかどうか分からないという者は、命を産んではぐくんでごらんなさい。愛がわき出づるものである。伝道するために誠意を尽くし、そのために私はおなかがすいてぐうぐう鳴っても、その人が御飯を食べれば、私が食べた以上におなかが一杯になって喜んで、忘れられる。そのようなものを眺める時、元気が出るのである。

先生が昔み言をもって食口《シック》たちを育てた時はおもしろかった。先生が三十分だけ話をすれば変わってしまう。夜通しずっと話をする。そうするとクライマックスになって一度に変わってしまうのである。今夜十二時になって、一時、二時、二時四十分、三時、四時の時報がなって、ああ、もう眠れなくなるのに、そのようにして時計を見て計算するようであって良いものだろうか。一秒だけでも、四時、五時になっても、眠れなくっても、その命を救う。その死んでいく命を生かす、その偉大で快いことは、一晩眠れないのが問題でなく、何日食べなくってもそれは問題ではない。そのおもしろさを味わいなさい。

それを感じる者でなくては、天の役軍となることはできない。そうするためには、誠意を尽くさねばならない。真心を尽くしてやりなさい。計画を立てて、皆さんが自分の一生のうち何年間、一つの命を中心として真心を尽くしているか談判祈祷しなさい。してみなければならない。伝道をするなと言われるのが一番怖いのである。

責任者は自分の思いどおりに生きられない。統一教会の文先生は、自分の思いどおりに生活しているように見えるでしょう。皆さんの前では思いどおりに生活しているように見えるが、先生は絶対に自分の思いどおりに生活していない。そのために皆さんはこれを知らなければなりません。先生が一番初めにこの道の開拓に出る時の目標、「天宙復帰を願う前にまず自己主管」、それが第一の標語である。一番おなかがすいた時、御飯のために死ぬのか、国のために死ぬのか、天のみ旨を中心として死ぬのか、それが問題である。逆らう者となるのか忠臣となるか、ここで分かれるのである。おなかのすいた時、あなたは何と命を交換することができるのか。

先生は三十歳になるまでおなかのすいていない時はなかった。しかし、この道を整えてきた。先生が青年時代に他の人と同じように、良いものを着て食べたとしたら、天国があるでしょうか。悪い服を着て、良いものをつけている人たちを救い出しなさい。そのために先生は三十歳前には新しい服を作れなかった。統一教会の歴史と伝統はそのように流れてきたのである。

行く道がふさがれば国の運命が左右され、世界の運命が左右される。自分一人で死ぬのなら問題にならない。皆さん、これを考えなければならない。先生はそのような深刻な日を過ごしてきた。皆さんは統一教会に来ていくら伝道したか。私の一生の問題を懸けて、命を懸けて。イエス様のゲッセマネの祈りの時、いかになったのか。「父よ、この十字架をできることなら私から取り去らせてください。しかし父よ、あなたのみ旨どおりになさしめてください」と三度も血と汗と涙を流しながら談判祈祷をなさったのでである。そのそばでは弟子たちが居眠りをしていたのである。それは知らないからである。皆さん、死んだのちに皆さんの墓の前で三日以上泣いてくれるような信仰の子女がなかったら、それは大変なことである。

先生の伝道方法

皆さん、誠意を尽くさねばならない。国のため、み旨のために。それが霊界に行って財産となる。そのような功績が皆さんの伝道路程において、その生命を救うことのできる一つの土台となることを知らなければなりません。

先生は学生時代にたくさん伝道した。高校時代、火をたいてそれを囲んで先生の友達に伝道した。今もそれを思い出す。帽子を手にもって三年間伝道した。人ができないこともやってみなければならない。御飯もよくもらって食べたよ。乞食のようなこともやってみた。貧民窟でも生活したことがある。炭鉱地に行って石炭を掘ったこともある。全部やってみなければならない。塩田に行って塩かますをかついだこともある。今も、手ぶらで労働者の中へ飛び込んで三十分だけ働いても、全部先生の友達になる。昼食になると座ってみる。先生は観相もよく見る。貪欲が多いな、根性が悪そうだ、整っているな。座ってずっと話をする。ずっと一つの映画の主演俳優として、座らせておいて喜劇俳優となるのである。労働者の笑いはまた奇妙である。しかし、その時はまたそのように振る舞うのである。このようにして三日たてば先生の友達は多くなる。自分の家に来てくださいと、朝から来て願った。そしてその人についていったなら、かますで造った家で、門がない家で、その時は二月で寒い時であったが、布一枚かぶって子供一人もって生活している、かわいそうな労働者であった。妻を見ると話にならないほどである。その家に行って、その家が私の住居である。いびきをかきながらぐっすり眠らなければならない。ああ、神の威信がどうなるか、先生の威信がどうなるか、体面がどうなるか。威信なんかそのような時はちょっと待ってください。そのようになれば、その家の居室のおじさんとして行く。

だから若者は三十歳以前は万事において苦労させる。それは先生が築いた修練であり、先生が築いた生活哲学である。学ぶことが多い。大学に行って学術的な理論の探求をするよりも、もっと深い内容のあるものである。それで実感が伴うのである。

学生時代には酒場にも行った。昔は桜町といった所に非常に大きい酒場があった。その時は学生の帽子はポケットに入れて、ジャンパーを着ていって、酒を持ってきた女の人に、酒は飲まないがいろいろ聞いてみると、悲惨な事情の人が多い。それは社会の責任である。それを全部知らなければならない。酒を飲みに行ったのではない。全部知らなければならない。酒場の女の人を痛哭させたことを、今も思い出す。そのような女の人の顔を見て、悲惨さを実感させられることもあった。そのような全部を知って、このような悪なる世の中でこれを集めて、一つの主体的な権限をまとめて、処理方法をどのようにするか。あなたがこのような立場にいた時どのようにするか。問題は深刻になる。

とにかく酒場に行って酒場の女の人と一緒に座っているとして、神が、「この野郎め」と言って地獄に落とすと思うか。ほかの人が指をさしてうわさを立てても堂々たる者である。統一教会がいろいろうわさされても、気にすることはない。何でも終わりまで見れば分かることである。李《イ》坊っちゃんは堂々たる姿であったでしょう（注：李坊っちゃんは、韓国の「春香伝」に出てくる、悪い国政をする官吏たちを治める地位についた人）。悪い官吏の前でも落ち着いて、最後に自分の身分を現したときは素晴らしいでしょう。乞食の姿で現れたとしても李坊っちゃんは堂々たる者でしょう。同じく何事も一時に訪れるものである。

　信念を中心として、正義で対する信念をもっていれば集まるし、苦しみがあっても貫いていくのである。そのために今まで激しい嵐に吹かれても、堂々と生き残ってきたのである。これが統一の道である。ある一時においては統一教会は良い。どのくらい良いのか。世界的だと聞いているが、処刑するような場において、「君、統一教会を信じるか、信じてないか」。このような試みがやって来る。これによって皆さんの信仰が分かる。私が今まで直面した信仰的な試練路程を思い出す。一度このような試練をして信じることができるのである。そして先生が知っている最後の多くを教えたいのであって、そうでなかったら教えたくない。

さあ、みんな、そう思って伝道しなさい。真心を尽くし、誠意をもってやりなさい。この世の父母でも、その息子が悪い道に入ろうとすれば現れて諭すのに、まして神を父母としているのに成されないことがあろうか。そう信じて伝道をやってみなさい。

七、韓国での伝道

一九六七年七月一日　五日市　城山山頂

そのために、いろいろ作戦をしたわけだが、いわゆるその動きにおいてはそれこそ惨めな、苦しい中での活動をしてきたわけなんだ。惨めといえば何かというと、その生活圏において非常に不利な立場に立っている。日本と違うところはそこなんだね。大抵の兄弟たちは伝道に行くというと、一〇〇人をその単位として考えて、八十人以上は衣食住の問題にぶつからなければならない。例えば赴任しているその地区、地域なら地域、またその場所において教会であったら、その教会長自身がすべての問題を解決しなければならない。教会長を中心として、そこに兄弟たちがいるとしても、兄弟たち自身の生活問題としてかかってくる。だから責任をもっている人たちはもちろん、自分自身ながらの生活の問題がかかる。それから伝道しなければならない。そして生活の過程を通して彼らに模範を示さなければならない。こういう立場に立ってその責任を果たすということは、実に惨めな苦しい闘いをしなければならない。

その地区の地区長とか、地域長、あるいは教会長を中心として考えたなら、彼らは生活の問題の解決のために、どうしてもひと月に十日か半月を消費しなければならないというんだね。そうしてあと十五日でもって、いわゆるみ旨のために闘う伝道をしなければならないという立場にある。端的に言うと、どうしても商売などの物的条件を中心として活動しなければならない。しかしそういう活動は町だったら町を中心としては活動することができないというんだね。もしも商売とかそういうものをしたとすれば、その所では伝道することができないという関係に陥るというのだね。だから、そこには君たちの想像つかないことが多いんだね。

この点、日本は恵まれているんだね。一週間くらい働けば生活の問題は解決する。韓国ではそういう基準は一般に認められないのだね。だからそういうギャップをいかにして越えるかということが何よりも難しい問題なんだね。さらに全国的活動となると、何としても経済が一番問題になる。そうなると全国的に対策を立て、ある地区とか、地域とか、教会長に分担させるというのだね。それは自分自身の生活に困っている立場において も、そういう二重の働きを背負って、それを全うしなければならない。それは限界の立場に立つことが多いんだね。この時はいよいよ覚悟してするわけだ。

それこそ言うに言えないような活動を続けて、今までずーっと発展してきたんだね。それで周囲に関係している人々は統一教会といえば、「それは恐ろしいものだ」という印象をもったんだね。しかし真理は通じるんだね。一つの時期を通過すると「統一教会の彼らがああいう働きをするのは、自分個人の利益のためじゃない。国家のために、将来を憂えながらやっている。ああいう青年たちでなければ、国を救うことはできない。共産党に対して闘える者たちは統一教会の人たちだ」というふうに見られるようになったんだね。

例えば、官庁とかいう方面の人たちも初めは全然反対の立場だったが、ある時期を過ごすにしたがって、彼らのほうから次第に認めるようになり、そういう段階に入っていくと彼らが我々の生活問題も解決し始めたんだね。また、地方あるいは町とか、村とか、そういう所に行くと、不良少年とか非行少年とかたくさんいる。そういう者を連れてきては、いろいろ訓練したりした。そういうことがあって、彼らは原理の感化力が強い、偉大であると認めるようになり、地方の人々から、統一教会の青年には協力しなければならないと、その地域全体が立ち上がって生活問題も解決してくれるというところまできた。

日本の村、町に当たるものを「面《ミョン》」というが、その下には十以上の「里」があるんだね。そして一カ月に一回ずつの里長が集合しての会と、面長会議が開かれる。その時に各々面内の主だったことが報告されるが、いつでも統一教会のやっていることが問題になっていくんだね。「統一教会の人たちがこういう働きをして地域のために協力した。そのおかげで話にならないような青年たちが、真の青年になっていった。こういう働きを我々は真心をもって助けなければならない」。そういった報告が面長会議においてなされるようになった。

この面長会議から、のちには郡守《クンス》を中心とした会議があるんだね。その時、面に特別なことがあれば報告せよということ、必ずその郡において統一教会が問題になったというのだね。面において特別に報告すべきものは郡に行って報告する。すると各面長たちがね、自分たちの部落にも統一教会の人たちが来ているのだが、そういうことをやっているとは知らなかったとうなずいて、急いで帰り、統一教会の人たちの生活ぶりを研究、調査し始める。結局は面長さんがね、その会議において話したとおりに、そういうことをやっているということ、そうしてその次の会においては他の誰かが言う。「そのとおりに統一教会の青年たちはうちの面において、そういう活動をしている」と話し合うような傾向が動き出したというのだね。すると郡において「全体に対して犠牲的に活動する者は、統一教会の兄弟たちをおいてはどこにもいない」と言うんだね。

だからその郡守は「道」に行くんだ。ここでは道知事を中心として「道」の会議があるんだね。そこに行くと、その報告はもう面でもって報告されたのが郡守を通し、そこから道知事の前まで報告されるというのだね。するとそれを聞いた郡守たちは「ああそういえば自分の郡にも統一教会の青年たちが来ていたけれど、分からなかった」と早速調べてみる。すると郡守《クンス》さんの報告した内容の活動をしているというのだね。そういうふうにして、統一教会の問題が知事の前まで毎月の会議において引き上げられるようになった。だから一番末端の里でもって働いたその結果が面長を通し、郡守を通し、知事を通してついに中央まで来るんだね。中央においてはまたこの首長の会合が毎月あるんだね。そこで自分の「道」において特別な報告、全国的模範となるべき報告があれば報告せよ、というと結局統一教会の青年がまた中央会議において問題になる。

こういうふうにして一人の功績を最高に生かす。そこにおいて全部が影響される。つまり一つの面《ミョン》でもって、功績を上げたそのことが報告、作用をもって郡守に分かる。道知事にも分かる。中央にも問題になってくる、という具合で先生はこうなってくるのを待っていたんだね。動き出して四年目からこういうふうになった。そして「この理念でもっていかなければ国も助かることができない。また共産主義の恐怖から逃れることができない。これを防ぐには、ああいう青年たちでなければならない」と誰もが認めるようになった。しかしそういうふうにするには、いかなる惨めな状況に立ってもそれを克服しなければならない。並々ならぬ覚悟をもって、君たちには想像もつかない涙ぐましい、いろんなことをして、その惨めな環境を打破してきたわけなんだ。

卑近な例を一つ挙げると、ある所の教会長がその村に一人伝道に来た。彼は食うものがない。商売でもしなければどうにもならない。そういう立場に立ったんですね。しかし商売するとしても田舎ではできないから、町まで出てやらなければならない。町でやると伝道する道がふさがってしまう。そういう事情に立っていた。その時その教会長を中心として集まっていた中学、高校の学生二十人余りが、彼を中心として活動し始めたんだね。まず食事の問題をいかに解決するかということで、十四、五歳から二十歳未満の若者たちが会議を開いて「我々は心情的に、こうして信仰の親の立場にある人に商売させてはいけない。自分たちが苦労しても、生活問題は我々が解決しなければならない」と、そういう決意をしたわけだね。そうしてどうしたかというと、毎日弁当を持ってくるんだね。一日に三つ弁当があったら足りるわけだ。だから毎日順番に学生たちが朝、学校に行く時に、弁当を三つ置いていくんだね。

こういうことをやって開拓したんだね。そうなると教会長がその弁当を食べる時には泣かざるを得ない。その子供は弁当の時が来ると、心情的に神に対して真剣にならざるを得ない。だからここにおいて、先生とその中学、高校生との間には心情的連帯が非常に強固になされてくる。こういう例はたくさんあったんだね。それはとても惨めなようであるのだけれど、それこそ心情的にはそれ以上のことがないことをつくづく感じるんだね。そういう働きをして、そういう関係をもって育てられた学生たちは一人も後退しないというんだね。それがその地方において、強固なる後継者として働くというんだね。こういう開拓伝道をしたところは多い。

初めは学校のほうでも反対したのだけれど、結局は公のために犠牲心をもってああいうことをやったということを、校長やら先生たちがみな分かるようになり、全校的にうわさになって、それから官庁の人にまでみな分かるようになりました。その一事が大いなる衝撃を与える宣伝となったというんだね。そうなると部落の人たちも黙ってはいられない。こういう恥ずかしいことはないじゃないかというふうにして大衆が動き出し、あるいは教会を建ててやったり、あるいはそのすべてを解決するような、そういう所が多く生まれてきたというのだね。

こういうふうに開拓してきて、それが方々だから、やがて全国的にブームを起こして動き出した。子供に関係ある父母とかそれから先生たち、学校あるいはその地方の有志は、感じざるを得ない。こういう若者が公的な立場で犠牲心をもってやっているということが分かった時には、知らず知らずの中にもその感化を受けざるを得ないというのだね。統一教会に今まで反対する立場に立ってきたけれども、そういう態度は続けたらいけないという。自分ながら後悔し始めて援助するようになった。そして同時に統一教会の真理は何か、若者をあそこまで決心させ行動させた思想、内容は何かと心ある者は訪問し始めるようになってきたというのだね。

そこで心ある人たちは何としてもあの統一教会の青年のような精神の持ち主でなければ、国家的危機あるいは共産党に対しての恐怖や、その思想を打開することはできないと、そう思うようになったんだね。つまりこの三年の働きにおいて、我々の目標とした統一教会の思想に対して、全国民が関心をもって、「ああいうふうにならなければならない」という、一つの方向を示すようになったというんだね。

第二章　項目別のみ言から

一、三人の霊の子女

三人伝道

我々統一教会は何をするかといえば、天国を創造する。天国建設を目標としている。天国をつくるには、父母を中心とした家庭基準をつくらなければならない。だから堕落圏内の三人を霊の子供として立てる。また、神から見れば、アダム、イエス、再臨主は三人の子供だよ。その三代の復帰路程の世界的象徴蕩滅として我々が全体を蕩滅《とうげん》したという基準を立てることができる。だから、最低三人は伝道しなければならない。三人を選ぶには十二人、十二人は死んでも伝道しなければならない。それから、十二人を越えて七十人、一二〇人をやっていく先生は、今まで生涯をかけてそのために闘ってきたんだよ。

十二の真珠門

家庭基準をつくるには、イエス様を中心として四位基台、そして、聖霊を中心として四位基台をつくらなければならない。それがアダム家庭で失った八人家族である。それを蕩減しなければならない。そのための身代わりがノアの八人家族である。だから天において、家庭の蕩減条件を完全に越えたという基準に立つには、八人の家庭でなくてはならない。だからあなたたちは三人以上伝道しなければならない。三人伝道したといっても、それは天国に入る一方でしかない。だから十二人。

霊界には十二の真珠門があるだろう。地上には十二弟子、それが七十人くらいにならないと氏族にならない。そして、氏族を中心として一二〇人、一二〇人は十二の十倍である。十倍というのは、家庭を中心として民族、国家、世界へ出発する。あなたたちも本当に天の前に神様の子供となり、イエス様以上にならなければならないんだよ。イエス様は、長成基準をやったんだから、あなたたちは完成基準を目指してやるんだよ。

信仰の三人の子女

家庭において、信仰の三人の息子、娘を立てて、腹の中にいる息子たちから整頓していかなければなりません。腹の中にいる子供よ、早く誕生するようにと言える、そのような信仰の息子と娘をもたなければなりません。そうしなければ完全蕩減《とうげん》にはならないのです。

先生もこれまで七年路程において、そのようなことをしたのです。この子供が二十歳を過ぎて結婚するまで、そのようにしなければなりません。私の命もあなたのためにおささげし、犠牲にしても感謝します、といえる息子、これをイエス様を中心として見ると、ペテロ、ヤコブ、ヨハネの三人の息子です。そのような原則のもとに、三人の息子を連れて歩かれたのです。そして、そのようにして何をするのか。将来新郎としてのイエス様が、新婦を迎えて結婚しなければなりません。イエスが結婚をして父となった時、ペテロ、ヤコブ、ヨハネの三人の息子たち、このおさな子を二十代になって結婚をするまで大事に育て、無事保護して復帰させなければなりません。エデンの園において、アダム、エバの前に天使長が誤った、その時代の因縁が残っているので、その息子、娘を大事に育てて、結婚させる前には絶対に眠ることができないというのです。なぜならば、堕落する可能性があるからです。

そのようにして初めて皆さんが天の前に息子、娘となって族譜に記録され、天国に行って登用されるのです。

イエス様において三弟子は絶対必要であった。その三人は何を象徴するかというと、アダム、エバにおいて三人の天使長がいたというんだね。三人の天使長が一体となってアダム、エバに服従しなかった。

イエス様を中心として一体となるべき弟子が、イエス様を裏切るような立場になったのだから、これを復帰しなければならない我々の路程である。我々においては、三人の信仰の子供を立て、それを中心として十二人、七十人、一二〇人の門徒を立てなければならない。

一カ月に一人伝道

統一教会においては、我々は父母をもっている。兄弟ももっている。血肉を共に受け継いで生まれたより以上の兄弟をもたなければならない。だから我々は、国を越えて超国家的心情基準を備えている資格ありや。天国は、超国家である。それを果たせない者は天国に入れない。天国をつくり得る者になれない。先生は、その道を過ぎた。あなたたちは今から十二弟子を組め。七十二弟子を組まなければ天国はつくれない。それがあなたたちに残されたものである。

一カ月に一人ずつ伝道しなければならない。先生は何の準備もなくあなたたちに言ったのではない。鉄則の基準をあなたたちに教えた。イエス様は三年ないし、三年半に霊肉ともの基準を一致させようとした。それが失敗した。我々が、イエス様と同じ蕩減復帰をするには、霊的三年以上、肉的三年以上を費やさなければそれを霊肉ともの勝利の基台に結びつけることができない。それで七年という年月が必要になってきた。七年間は全部が、み旨のために天国をつくらなければならない。七年間に何をするか？　イエス様が失った十二弟子と七十二弟子を、これを家庭を中心として蘇生、長成、完成しなければ天国はつくれない。

七十二人と十二人は八十四人だから、七年間に十二かけると八十四だ。十二弟子と七十二弟子を、我々各自が組み合わさなければ、イエス様が世界的になし得た、天国の橋をつくることができないんだから、我々、生涯かけてこの橋を結びつけなければ、天国につながらないという各人の使命がある。一カ月に一人伝道して七年かかって初めて八十四人になる。だから最小限度一カ月に一人伝道するという結論は、世界的な基準の核心になる。

各自が一人ずつ、一カ月に伝道するところに、その実績の基台に天国は社会的に開かれる。これは間違いない原理の原則である。七年間は行かなければならない。一カ月に一人ずつ伝道すれば、七年費やしてこそ、初めて八十四人の条件的な基準がつくられるから、それは至上命令として下したのである。

十二人は死んでも伝道しなければならない

女が女を三人伝道して、男が男を三人伝道したとして、その六人が夫婦になって、霊の親同士も夫婦になったとするならば、父母を中心とした八人になるだろう。そういう条件が、サタンに奪われた家庭を復帰したという基準だよ。それから、その家庭を中心とした親戚をもたなければならない。それが七十二家庭。そして一二〇家庭を中心として国家へと進む基準、民族の出発の起点をつくる。あなたたちはそれを四十年間やらなければならない。

しかし、イエス様は愛する国をもつことができない。愛する教会をもつことができない。神の約束においては、国も教会も、親戚も家族も父母も兄弟も、すべてはイエス様のものであったのに、イエス様は愛することができなかった。国に追われ、教会に追われ、家族に追われ、兄弟に追われ、弟子に追われ、そして信頼していた三弟子もイエス様をおっぽり出してしまった。真の父が来たのに、この地上に足をつけずして殺されていったということを万民が分かった時には、いかなる罪人であろうとも胸を打ち、涙ぐみながら、悔い改めざるを得ないというんだね。だから、その時には、強盗でも放蕩息子でも涙を流して親のもとに帰り、万民が許されて救われる。

もともと神の創造である天国という所は、一人で入れる所ではない。お母さんが地獄へ行って、自分だけはいい所へ行って気持ちがいいか？　天国は夫婦が共に、家族が共にいる所である。我々統一教会は何をするかといえば、天国を創造する。天国建設を目標としている。天国をつくるには父母を中心とした家庭基準をつくらなければならない。だから堕落圏内の三人を霊の子供として立てる。

また、神から見ればアダム、イエス、再臨の主は三人の子供だよ。その三代の復帰路程の世界的象徴蕩減《とうげん》として、我々が全体を蕩減したという基準を立てることができる。だから最低三人は伝道しなければならない。三人を選ぶには十二人、十二人は死んでも伝道しなければならない。それから、十二人を越えて、七十人、一二〇人とやっていく。先生は今まで、生涯をかけてそのために闘ってきたんだよ。サタンのほうは、それを立てさせないためにいろいろな方法で邪魔してくるんだよ。しかし先生は倒れず、崩れず、落胆せず、勝利圏を獲得していった。これは世界的に重大な意味がある。

我々は現実において蕩減していかなければならない。だから自分の信仰の子供に対して、自分の生んだ子供より以上の心情関係をもたずしては、サタンの心情圏を絶対に越えることはできない。あなたたちは神の身代わりになり、イエス様の身代わりになるんだね。だから父母の身代わりだね。父母の心情をもって、僕の体をもって汗は地のために、涙は人類のために、血は天のために流していく。それが我々の世界を復帰するための鉄則である。

自分の伝道した人が、イエス様が十字架にはりつけになる前に逃げてしまった弟子たちの基準を越えなければならない。それは何かというと、自分のために、その伝道した人が自らの命をささげて死んでいくような人をつくらなければ復帰できない。先生はそういう人たちを大勢もっている。世界の隅々にまでいる。これはサタンの世界には絶対ないよ。あなたたちは伝道してくれた人に対して、この道を教えてくれた信仰の親として感謝するだろう。親の苦しみを自分の苦しみとして、もし死ぬ立場になったら、自分が先立って死ぬような三人の弟子をイエス様も求めた。その基準を復帰した条件を立てなければ伝道した人を復帰することはできない。それはたやすいことだと思う？　自分の子供を育てるのはむしろ簡単だよ。しかし、霊の子供は三倍以上の労を費やさなければならない。先生はそういう土台を築くために七年間以上、二時間以上は寝なかったよ。着るのも忘れ、食うのも忘れて心を尽くした。

二、氏族伝道

両親に仕える

世の中で初めて新しい運動をした時には、いろいろな非難が起こるんだよ。それはまあ、当然のことなんだ。何も知らずに、調べてみないで、まるきり反対することしか知らない。だから、あなたたちの父母も心配する。だからあなたたちは家庭に帰ったら一〇〇パーセント生まれ変わった男の子、女の子になれというんだね。何か言われても黙って聞く。親はね、子供がかわいくてしようがない。そういう心情には弱いんだよ。

たとえ、親が息子を殴ったとしても、親の心はそれによって痛むんだね。殴られても、夜どうかなるんじゃないか、家を飛び出すんじゃないかと心配するんだね。だから、殴られたら、そういう親に対して仕えていくんだよ。反対の方向をとるんだ。そうすれば感動する。だから悪い心をもつな。もし、親が分かってくれたならば、自分以上に素晴らしいことだ。親より以上の愛情をもって親の前に立つ息子、娘とならなければならない。愛が必ず勝つ。何かあった時、自分のためにおじさんなどから、お小遣いをもらったなら、それを使わないで、お父さんのためにプレゼントを買っていくとか、弟のために夜遅くまで寝ないで手伝うとか、そういうことをやるんだよ。

両親と親戚を救わなければならない

君たちは家族に対していくら伝道しても、サタンのほうから条件を立たせることができない段階を越えました。これは先生がサタンに対して、果たし得た勝利の段階をもう過ぎているからです。だから今からは君たちは自分の父母と親戚に対してこれを救わなければならない。そういう時代である。

親を伝道する。自分の兄弟を伝道する。それで一つになって神に奉仕する。家族全体がそうなる。そして、そういう地域をつくる。そして氏族、そういう氏族になってこれに奉仕する。一体化して奉仕するくらいになればその氏族は全民族を動かす氏族になるでしょう。君たちはそういう圏内に入りましたか？　それをつくるには君たちは「お父さん！　私の話を聞け！」。それではいけない。君たちが純なる子供になって真の親孝行する立場に立って、命を懸けて親に対して話しかけなければならない。

そうしてもし、殴られた時、殴った親を考えてみる時に骨にしみ、骨が震える。遠からずしてその子供に「わしが誤っていた」と子供に対して親自身が謝る時が来る。そうするとその家は神側のものになる。だからもし親に殴られて手に傷ができたとしても親孝行する素直な子供であれ。もしも傷でもあったらそれは万民の良心の流れである。親に殴られるのを苦にするな。難しい立場であればあるほど、それが最後の勝利と永遠性を前にして決定する最高の条件となる、ということを忘れてはならない。

だから個人に追われるそれを不平に思うな。環境から攻められても不平を言うな。いずれ分かることである。そのためにある者が死んだ。そうしたら反対したすべてのものが、自分だけでなく自分の子孫親戚すべてを引き連れて悔い改めるだろう。「我々の親戚のやった、また孫のすべての罪を許してくれ」と言うのである。それが神の救いである。分かりますか。

だから君たちの家族を伝道せよ。早く伝道しなければならない。楽をしていい物を食べる、ということではいけない。家族伝道を果たすには「統一教会に行くとそれはもう聞くところによると悪いと思っていたのだけれど、行っている自分の子供たちをざっと見れば、何か変わっているなー。昔はお父さんが言うとブスッとして顔をふくらまして、目がまっすぐになって、どこの子か分からないくらいびっくりしたのに」とその変化に気づいてくる。少しばかりの変化ではない。だから積極的に自分が先頭に立っていく。そして君たちの家族を救わなければならない。先生は今までそういうことができなかった。それが先生の胸の痛みである。先生の聞くところによると、父母は他の世界に行ったのではないかと思っているのです。

今までは教会の兄弟たちが自分の家族の人たちより近かったし、我々は既にアベルの家庭をもっている。だからカインの家庭を引っ張っていかなければならない。カインの家庭を早く伝道しなければならない。それはカインの世界において親孝行するものでなければ将来においてもここに入ってはいけない。地方に行って親孝行する者を探して、伝道することである。時が来たらそういうのは動き出す。また兄弟共に愛し合うそういう人を探せ。そういう人を探し出せ。

このように考えると、君たちも家族を連れて入らなければならない。奥様は旦那様を、旦那様は奥様を……父母同士本当にこれが死んでも行かなければならないものであると知ったとすれば、子供を神のほうへ連れていかなければならない。親の使命を全うできないからである。分からないからであって、分かったらささげものとしてでも連れてこなければならない。だから先生は、「親が立っていて子供が救えないことはないでしょう」と言う。もしも父母に対して親不孝者がいたら追い出せ。そして親に孝行する部落の孝行者を自分の上に連れてきて、そして養子として立たせよ。

神のほうから見ればそれが願う道であるかもしれない。ちゃんと決まっております。それを先生はいちいち詳しく説明しにくいところがあります。サタンは今まで神に属している善なる人々をいかに悲惨なる死の境地にまで押しやってきたか。その方法を反対の方面に適用しても神は、またサタンは讒訴《ざんそ》することができない。蕩減《とうげん》復帰だから。君たちは悪に対しては黙っておれない、公憤が、公的思いがある。家族を犯すような苛酷な者、不和をつくるそんな兄弟なんかは不愉快である。塀の外に出てみんな共同作戦で引っ張ってこなければならない。

確固たる信念をもって君たちの家庭を救わなければならない。残った使命を思ってこれだけの人数だったらこの背後には家族として十人、一〇〇人、いくらでもつながっている。伝道できないということはない。我々は責任感と行動による生活において、関係を結んで生活圏内において結果として証明し得る。これが親孝行であり、兄弟として愛し合わなければならないものならば、その家庭はそれを中心として動かされなければならない。父母や兄弟は何とかなる。それでも動かなかったら、その家が問題となってくる。そして神のほうから打ってくるのである。

このような認識に立って教会と個人の問題に責任をもって解決するようにしてください。先生が今までたどってきた道において、そうやらなければならない重大な点を言っておきましたから、どうぞそういう方面に力を尽くして天に対して親孝行をなし、忠誠を尽くすことを願うものです。

氏族伝道

君たちは氏族伝道をしなければならない。これはイエス様の身代わりだ。イエス様は氏族伝道圏を得られなかったため死んだのだから、イエス様以上の基準を復帰できなければ神の子供になれません。本当は氏族伝道基台の上で祝福されるんだよ。今まで君たちが何もないのに祝福を受けることができたのは、先生が統一氏族圏をつくり、先生が直接責任をもっているからであり、そうでなければ絶対祝福はできません。

イエス様は、自分の家族や氏族を伝道できませんでしたが、皆さんは家族や氏族を伝道しなければなりません。イエス様は自分の氏族をもつことができませんでしたが、皆さんは祝福された氏族をもっています。公生涯に立つため、イエス様は家庭を捨てなければなりませんでしたが、その立場を復帰するために、先生も第一次七年路程において、自分の親族に手を差し伸べることができなかったのです。したがって第一次七年路程では、先生と共にみ旨をなす親族は一人もいませんでした。皆さんは今、自分の親族に手を差し伸べることのできる例えようもない恵まれた立場にあるのです。復帰摂理の目的は神の家庭を復帰することです。その神の目的を成就するためには、自分に一番近い親族を伝道しなければなりません。

十日に一度手紙を書く

今から先生は命令します。十日に一度ずつ自分の親、兄弟に手紙を出しなさい。君たちが社会に向けて活動する三分の一の努力があったなら氏族伝道は可能である。天国づくりは氏族基台を中心として、それから社会につながる十二弟子と七十二門徒である。それがなければ社会を率いることはできない。世界的になりたければ一二〇人立てよ。先生はそれをやってきた。

あなたたちは自分のお父さんや親戚に対して伝道ができる。あなたたちは先生より幸せだよ。皆さんがこの統一教会に来て、これこそ真実の道であると分かったなら、いかなる苦労をしてでもこの道に連れてきてあげねばならない。もし、それをしなかったら、霊界に行って、何だこんな素晴らしい所に来られるのに、愛するお父さんや、お母さんをなぜほっておいて地獄に行かせたのだと讒訴《ざんそ》されるよ。

三、壮婦の重要性

壮婦を伝道する

開拓に出た場合は学生を伝道するより、壮婦を三人伝道すれば食べること、寝ることに心配する必要はない。もし若者が三人入ってきたら、これを食べさせるだけでも大変だ。壮婦は家庭的にそういう苦悶をしているから、宗教的話をすれば神秘的に思って、すぐ感動する。自分も若い気持ちになってあいうふうにやってみたいと思うんだね。

東西南北の四人くらい伝道し、「何日に行きますから、親戚関係の若者がいたら集めておいてください」と電話を入れて、講義をする。

そういうふうにして活動舞台を拡大していけば、一世帯を中心として、東西南北、お父さんの兄弟やらお母さんの兄弟やら、一〇〇人以上集めることができるよ。中心的な者が宣伝をしだすと全般的に影響を及ぼす。だから先生は家庭訪問、出張講義をするようにと言ったんだよ。

壮年婦人部の重要性

日本の教会が今後いよいよ進展するには、そこには君たちのような若者が一番重要である。勇気百倍にして、前から立ちふさがってくるあらゆる艱難《かんなん》を払いのけて、最後の勝利を完成し得る若者が必要です。しかしながら上下左右というように青年たちばかりの手ではでき上がらないということを、教会を指導しながらつくづく感じました。

勇気を払って闘うことは青年として、これは成さねばならぬことではあるが、それを共に見守りながら、闘う青年に対して周囲と環境を守って、いろいろと補給してくれるものがなければならない。壮年には男の壮年と女の婦人部があるが、特に日本は農業の国であるから婦人は土地である。また、それ以上に善なるアダムが必要である。たっぷり食べる青年のゆえ、憂いなくやって守ってくれるのは壮年である。土地が肥えていても実際実りをつけるのは稲である。婦人部より以上に壮年部を繁栄せしめて大いなる収穫を得るにはいかにすればいいか知らなくてはならない。ただ壮年部には社会的地位、子供、年老いた親をもっているというのです。社会的な幾多の障害があり、またそれを乗り越えていかなければならない。だが自分の子供に青年があればそれを中心に働き得るのです。青年の言葉の代わりとして行う壮年部がいかに結合し、拡大し、青年たちと共に伸びていくか、日本の問題なのです。

大いなる発展を見る時に強靭《きょうじん》な相対が必要です。本部においても地方においても伝道体制において、これを忘れてはならない。ある人を導いていくには青年たちは、まずその人の子供になれ。そしてその人が自分自身の子供を見守ってくれるような環境をつくれ。教会の責任者といえども、自分のお父さん、お母さんと思ってつき合え。そうして人はそれらの若者たちを子供のように自覚し、彼らを仲立ちとして家庭、親戚の霊的新しい関係を構成していくのである。

「今私はこういう信仰をもった生活をやっている。実にこういうような変化をきたさなければ、私たちは救いを得られない。日本を救うことはできない。現在の日本の状態はどうですか？　中共とかソビエトとか、あるいは世界情勢から見れば、今後の日本の位置はどうですか？　この日本を救うにはこういう理想と真理がなくてはならない。もしもあなたが真理を果たさなければ、あなたの子孫はどうなりますか？　人ごとではありませんよ」。

こうなると父母はみな真剣に愛していますから心情に問われる。親として責任をとらなければその子孫はいかなるや。そういう場面に直面した時に、自分は子供をもっている。あるいはその子供が病気で死んだ、その時の胸の痛み、その時の心をその場で思い出しながら心を打たれ、子女を正しく教育しなければならぬということを聞いて初めて、「おおそうだ。このごろはそうなっているんだね。わしの若い娘も教会に行かせにゃならん」と、こう考える。また、こう考えないではおられない。

壮年部の方々、分かりますか？　先生はこういうことを思うのです。「ああ、もう少し成約聖徒が多くなれば、教会に大学生教会、高校生教会、壮年部教会……とつくりたいな！」と。特に壮年部を発展させなければならないと思いますから、そういう年齢におられる方は特に力を合わせて、これを発展するように努めてくれるように願うのです。よろしいですか？　もしも男同士で弱いとなったら、男女協力して壮年部を発展させるよう努めることを願います。

そうなると日本を中心としてやりたいことがある。日本は今若者だけだから、最後の問題を完結しなければならない段階に入ると、これは青年よりも壮年です。目的に対していく過程が必要だけれども、目的に対する最後の問題を解決するには、やっぱり壮年部です。闘うのは易しいが、責任を全うすること、これは易しくない。ペテロなどは随分年を取っている。年取った人もおれば、壮年部もおれば、若い人もいる。それが上下とか左右前後に外国伝道に、その環境をつくれば、これは飛躍的な発展をなします。どうかここに念を入れて、壮年部の人たちは努力して、日本の三分の一以上のすべての枝の幹を足場に立てて、動かすように祈らなければなりません。

四、クリスチャン伝道

何といっても、今クリスチャンたちがね、統一教会に入れば、入ると同時に我々の有用な人材になるんだね。入ったその次の日から、君たちの追いつけないような献身的な活動をするよ。今まで心を尽くしてきた基準があるから、その基準の最高目的がここにおいて完成されると、それに気づくというと、それはもう死にもの狂いだね。

君たちの多くは地方に行って伝道しながら、いろいろな考えを頭の空いた部分でもって考えるんだね。そういう人たちはそんなふうに考える暇がないんだね。もう精いっぱいになる。それればかりじゃない。死を覚悟して日本復帰のために先頭に立たざるを得ない、そういう準備された人たちがクリスチャンである。さてそうすると、彼らをいかにして引っ張っていくかということを考えなければならない。そうするには聖書観におきまして、彼らのいかなる部分においてもうなずかざるを得ないという、そういう基準に立たせるには、我々が聖書的に確固たる基準を準備していかなければならない。

五、人間を研究する

ある新しい女の子がやって来た。それを研究する。あの目玉は、ああいうふうになっている。唇は、太めになっている。人相なんかは女の子にあっては、言葉はむっつりとした言葉遣いをするだろう。ああいうタイプだから、ムラなタイプだから、こういう時は必ず来る。さあっと待っていると、まさしく「あっ」。

人間に対しての研究が実におもしろい。みんな違うんだよ。だから性格というものは、本性というものは生まれながらの賜《たまもの》であるというんだね。それを見てコントロールしていく。ある者は霊的なタイプに違いない。こういう感動を受けた場合は、それはオーバーする。病気になった者をお医者さんが投薬して、ちゃんと快方に向かっていく結果を見ながら、喜ぶと同じように、夜通し投薬して研究して喜ぶんだね。お医者さんと同じだよ。

だからあの人が入る時には、ああいうふうなとんでもない仕方だったのが、今では円満なタイプになりつつある。科学的実験の結果そうなっている。そういう楽しみがなければ、やっていかれないよ。だから食口たちの指導方法も真心の戦いとなる。いくら自分が誠意を尽くしてやったからといって、その結果はだますことはできない。そのとおりの結果に現れてくる。自分が見たい、自分が恋しかったという思いのうちで、生命を愛する心情基準に立った場合には、自分に対してすべてをささげて命を懸けて従うようになるよ。

人に対して研究せよ、実におもしろい。十字路にずっと立ってそこでずうっと観賞するんだね。ああいうおばさんは、どういうふうな顔つきをしている。あのおばあさんについていってみよう。ずうっとあとをついていって、通りがかりの人みたいに話しかけるんだね。「おばあさん、どこまで行かれますか。だれにも打ち明けたことのない、悲しそうな様子ですね」「どうして分かりますか?」。そうすると関心をもつんだよ。「だったら喫茶店でも入りましょう」。伝道はそういうふうにするんだよ。男だったら血気あふるる旺盛な男は、それは希望にあふれる、自分が将来、関係をもたなければならないそのような内容で話しかけるんだよ……。

六、父母の心情

父母の心情

自分の信仰の子女に対して、自分の生んだ子供より以上の心情的関係をもたずしては、サタンの心情圏を絶対越えることはできない。

あなたたちは神の身代わりになり、イエス様の身代わりになるんだね。だから、父母の身代わりだね。父母の心情をもって僕《しもべ》の体をもって、汗は地のために、涙は人類のために、血は天のために流していく。それが我々の世界を復帰するための鉄則である。自分の伝道した人が、イエス様が十字架にはりつけになる前に逃げてしまった弟子たちの基準を越えなければならない。

それは何かというと、自分のためにその伝道した人が自らの命をささげて死んでいくような人をつくらなければ復帰できない。先生はそういう人を大勢もっている。世界の隅々にまでいる。これはサタンの世界には絶対ないよ。あなたたちは伝道してくれた人に対して、この道を教えてくれた信仰の親として感謝するだろう。

もし死ぬ立場になったら、親の苦しみを自分の苦しみとして、自分が先立って死ぬような三人の弟子をイエス様も求めた。その基準を復帰した条件を立てなければ、伝道した人を復帰することはできない。それはたやすいことではありません。自分の子供を育てるのはむしろ簡単だよ。しかし、霊の子供にはその三倍以上の苦労を費やさなければならない。先生はそういう基台を築くために、七年以上、二時間以上は寝なかったよ。着るのも忘れ、食うのも忘れて心を尽くした。

伝道してくれた人が忘れられない

自分がいなければ、彼はどうなるか。寝るにも寝れないような心持ちで対してやる。すると、自分を頼ってきた場合には、それ以上、うれしいことはない。労働をどうしようが問題ではない。寝るのが問題でない。そうするのが問題でないような心持ちにならなければ、彼は真の天の息子、娘になれない。それが親心だ。今まで六〇〇〇年間も別れた親子同士の落ち合う喜びの心情圏である。そこにおいて、神に抱かれて関係を結ぶと信仰の子女関係が生まれる。その伝道された人にとって一生涯、伝道してくれた人が忘れられない。

だから、神に感謝することがあれば、統一教会に入って感謝する。真面目に自分のために労を惜しまずに力を尽くしてくれる人があったら、まずその人に感謝する。子供は自分が成功した場合には、親と共に、その喜びを分かち合いたいというのが、真の心でしょう。伝道された人も、そういう心をもってこそ、心情的嫡子だね。伝道もこのように原理的にやる。

人が恋しい

子供みたいに、お母さんみたいに、自分の姉さん、兄さんみたいに食口たちを慕うようになるんだよ。皆さんそういう体験をしないだろう。だから食口たちが来た場合、立って帰るのが一番悲しい。そういう体験を皆さんはしなければならないよ。もう少しいればよいのだがなあ、帰る姿を見た時にはたまり切れない。何かもう少し話したらよいのに、というような思いに皆さんはいつも燃えあがっていなければならない。そうすれば帰っていってから、すぐだよ。じっとしてはおれないよ。「のこのこやって来るな」と言っても、やって来ますよ。

人が恋しい、人が恋しい。父母の心情が通じる人が恋しい。その人と会った時、先生は夜を明かすのが問題ではありません。アメリカで、いつも夕食後に食堂で座っていると、一人去り、二人去り、一番最後には先生だけが一人……。ある者が先生とつきあって、命の世界に召される。それを見た場合には、先生は夜も忘れて酔ってしまう。自分が教育したその子供が薬を飲んで、病を治そうとする境地を眺めてどう思うの。これは実に尊い、その立場だ。一人のために夜明かしをする。自分のすべての精力を尽くして、夜通し何十時間と話してやる。その結果はね、それは万金を得た以上の喜びだね。

教会長の使命をもっている人たちは、人にほれなければならない。教会の食口《シック》が十人あったら十人を、みんな見たい気持ちが毎日続かなければ、彼らは毎日自分に引っ張られてこないよ。そういう心情の持ち主にならなければならない。そうだろう。動機なくして結果が現れないというんだね。

だから自分を中心として周囲の食口たちが十人、一〇〇人になっても、その中の一人が来なければ誰か人を遣わして、その事情を知らなければ眠れない。たまり切れない。

自分が愛する人と約束したにもかかわらず、約束の時間が過ぎ去っても何の姿も現れない。そういう場合には、何の方法、方便、手段かまわずして何とかして、事情が分かるような処置をするのと同じような心持ちを教会長がもたなければ、食口たちを心情の世界に導くことができない。

手紙を書く

それから伝道から帰ってきては手紙を書く。必ず書く。手紙一本というのは簡単だけど、その手紙で真実なるつき合いを残していくのですよ。手紙一本で、それを忘れていると思うのですよ。今まで考えて、人間は基準があるから、知能をもっているから、「初めて会ったあの人が自分に対してあれだけの親切さ、責任感をもっている。今までこのようにつき合ってきた人はない。自分に一番近い人々にはたまに会う。しかしあたかも共に酒を飲んだり、何かした仲のように自分に親切にしてくれる。そのような骨身にしみるような気持ちで自分はつき合っていなかった。ああ、やっぱり違うな」と思う。だから手紙を出す。

伝道した人に侍る

だからイエス様も言っているだろう。自分は世の中に救い主として来たんだけれど、それは主人として侍られるために来たんじゃない！　侍るために来たんだとね。だから自然屈伏三人以上なさなければ、個人完成の道には行けません。三家庭以上なさなければ、家庭完成には行けません。イエス様もこのための三年の公的路程があったことを忘れてはなりません。

カインというものはサタンの立場だから、自然と頭を下げてくるものは一人もいません。そこを統一教会の青年たちは、先に入ったのだからアベルだとか、そうはいきません。これまでにアベルがそういうことをなせる歴史性はなかった。犠牲になるのがアベルの立場だよ。誰のために。カインのために、カインの自然屈伏のために。そういう道を開くのがアベルの使命だ。逆に考える統一教会の青年が多い。これまでの、そういう思いをもつ責任者は絶対に発展しません。

自分の秘密を打ち明けられる人

自分の事実のことを言わないと、真剣にならない。真剣にならないと、相手も真剣にならない。聞く人も真剣にならなければならないことは事実である。だから自分のことを言うんですよ。かわいそうだった、乞食みたいだった先生は、よくそうしますよ。寒い時、新聞の一枚が絹の蒲団より以上の価値があることをしみじみ感じる。それを感じなければ分からない。事実を言うから、事実に通じるのです。それが必要です。だから我々統一青年にはそういう訓練をさせよう。だから味のある人間を、青年を育てよう。どこに行っても、ひざを交えて話し合えば、自分の胸の底にみんなを引き寄せなければ済まないという、そういう男になれ。皆の秘密を我が胸に収めて、彼を休ませるそういう男になろうというわけです。自分の胸に置くより、彼の胸の中に置いたほうが楽だというようになれば、その人には、そういう人が必要である。統一教会の皆さんはそうでしょう。

夜通し話を聞く

「私は統一教会の絶対的権限をもった先生である」。そうは思わない。もっともっと遠く離れた、失った友達を捜してきた、そういう気持ちだね。だからじーっと座ると、その人が良い人だったらその人を抱き締めて親しい気持ちで話したい、そういう気持ちになるんですね。話すことはたくさんある。一から十まで昼夜通して話してもあきない。実におもしろい。いい気になって自分の本当にやった経験を先生はよく聞いてやるんですよ。年取ったおばあさんが夜通し話しても額を向けて、先生の生涯の使命がこれしかないように聞いてやるよ。ああそうだったのか、と。神様はそうなんですよ。そういう人を好むんですよ。

七、霊界を通じた伝道

霊界を通じた伝道

あなたたち一人を中心として命懸けで三時間ずつ一年を通して祈ると、その人が何をやっているかを見通すことができますよ。あの人はきょうどこへ行ったのだろう。デパートに行くに違いない。何時何分に来るといった場合には必ず来る。何を買ってくるのでしょう？「どうしてお分かりですか？」。「それは分かります」。すぐ分かる因縁を結ぶ。そういう現象が浮かんできますよ。そういう体験をすることによって生きた神様を発見することができます。だから人に対して真心を尽くして、すべての忠誠を打ち込んで生涯の命を懸けてみたときにはそういうことができますよ。人は磁石みたいに引っ張られて必ず来ます。先生はそういうことをたくさんしました。夜通し祈れば朝必ず来る。そういう力がありますよ。分かりました？　そういう背後の力、霊的世界の力、それを活用する能力の基台を自然に授けられたのが、統一教会の選ばれた食口《シック》です。

伝道に行った場合には、道端を歩きながら、自分もたまらないで電柱を抱えて涙ぐむような路程が一日に何回もなければならないよ。そうなった場合には伝道は天や先祖たちが応援してくれるよ。それは霊界動員して夢に見て、道端で会って「はっ」ととんでもない人が引っかかってくる。「すみません」。「何ですか」。「実は、昨晩あなたと夢の中でお会いしました」。そういう現象が起こってくるよ。そういう人には伝道も言葉も必要ない。「私の言うとおりにしてください」。そういう一言で命懸けで従う。そういう一日を送るんだよ。そういう現象を起こさせないようになったのは責任者の不足である。責任者の足らないところからそうなるよ。

いっぱいになってあふれる水みたいに親を慕う心に、信じられないこの世界において、たった一人のお方だけ、すべてをささげても価値が残る。すべてをささげてもそれに報いられるようなお方に侍ることができる自分。それを見いだしたときの感謝、それは表現もできないや。ああ、ぼくを知っていた、話しかけたい。そうすれば通じるよ。そういう心情が問題なんだね。説教が問題ではありません。神の心情にあふれた、「○○さん」という一言で、雄弁より以上の説教を代わりにすることができる。表情でもってね。実力は神が天下最高の実力者じゃないの。そこにコードだけつけておけば神の愛の電流が流れてきます。

天がよこす食口を待つ時間というのは、今でも忘れられない。ずっと祈れば大衆の声が聞こえるようになる。「先生！」大衆の声が聞こえる。向こうは生死の岐路に立って救いを求めている。これを神につなぎ、引き抜けばすべてが通じるにもかかわらず、手が届かない。行かれない。こういうような苦しみ。これは神の心情である。

いかにそれを乗り越えることができるか。どこかに穴があるんだね。行かれなくとも通じる穴は、どこかに一つはあるんだね。神は摂理のみ手をこの地上に、悪の世界に働きかけるんだから、その穴はある。そこを見つけたとするならば通じる道がある。それをいかに見つけるか。夜、昼にそれを見つけるために、苦労するその瞬間は真剣なものだよ。そうして、それを見かけて、通じて話しかける。そのささやく声というものは天下いずれのことをやっても求められないような神秘的な境がある。

そういうふうにして朝からずっと待って、一日中待って、一日中二十四時間待ってね、そういうふうな境地で人がよこされてきたと思うと、地獄で苦しんでいる愛する子供たちからの電報や手紙を待つことより以上に深刻なものだね。一生自分のことも忘れて飛び回るような思いになるんだよ。慕い焦れるそういう心というものは尊いものだよ。そういうふうにすれば、神は必ず人をよこしてくるよ。その人に出会った時には、徹夜するのが問題ではない。二十四時間話すのが問題ではないよ。寝るどころじゃないよ。食うどころじゃないよ。座っていて立つのも嫌だ。暗くなるのも嫌だ。自分の心情を打ち開ける二人の間のその世界は、天宙すべてが注目する観に打たれるね。そういう立場で話しかけてみなさい。その人はどうなるか。帰れと言われても、帰りません。

そういう因縁を拡大して、日本列島を生み直さなければならないのが皆さんの使命です。先生が劉《ユ》教会長に初めて会って出発したとき、一つの場所に座って二十一時間過ごした。そういう体験があるんだから、いくら国が反対しても通じません。首を切っても通じません。今でもそうだよ。先生は深刻になればそういう境地に入るよ。そういう因縁のつながりで結ばれたならば、生死の境が問題じゃあないんだな。そういう主体性の心情圏を抱えたメンバーが地区長クラスになったら、日本は数百万になっているだろう。だから皆さんは真心を尽くす基準が、まだ及んでいないということを自分なりに悟らなければなりません。

祈る

だから皆さん祈ってみなければいけない。十人あるいは二十人、一〇〇人の食口があった場合、きょうはこの食口が必ずこの教会に来るんだ、来るようにさせるんだ、それを祈るんだよ。真心を尽くして、その人の立場に立って祈るんだね。そうすれば、その人がどういう立場に立っているかすぐ分かる。人間はね、自分が発展し善なる所に近寄る道があれば、良心がそのほうに引っ張っていく。だから良心は知っているんだよ。知っていた場合は、何気なく心の中でずーっと教会へ行きたいという気持ちがわき上がってくるんだよ。そうすると原理の道を思い出さざるを得ないよ。だからきょうは、誰々をこういうふうにすると試しをするんだ。そのおもしろさ。それがなければ食口《シック》は増えないというんだね。そういう実験をしてみるんだよ。原理の観点から見れば、完全なるプラスがあった場合には、完全なるマイナスは創造される。完全なるマイナスがあった場合には、完全なるプラスが現れてこなければならない。天の霊界は、プラスがある所にはマイナスが自然と生まれてくるんだよ。

だから男女数が世界中、均等に保たれているのと同じだよ。東洋に男が生まれれば、西洋に女が生まれるかもしれないよ。すべてそういうふうになっている。だから完全なる主体があれば、完全なる相対は生まれる。創造の神は今でもつくり出していなければならない。だからある食口を中心として、自分は完全なる神のみ旨に立った自分として引っ張ってやる。祈ってやれば引っ張らなくても、ずーっと引かれる。それで恵みを渡してやる。そういう借金をさせてやるというんだね。そうすると向こうではそれに報いなければならないんだね。ちゃんと。

だから、さあ、夕方来るか、朝来るか、何時までには来る、来なければならないと祈って待っている。それがもし自分の思ったとおりに午前中にピッタリと来れば、これは祈りの素晴らしさだ。私の願いは成った。そういう刺激が必要だよ。三日間圧縮して、その人を引っ張り出す。そしたらそのお母さんはきれいな着物を着たりして、のこのこやって来て、「地区長さん、教会長さんやってまいりました」。こう言う。そういう時には、自分の恋人に会った以上にうれしいんだよ。そういう体験あるの？

そんなに祈ってやれば夜が明ける前に、朝門を開ける前に開けてちょうだい、開けてちょうだいと門の前で祈るようになるよ。そういうような話があるんだよ。そうすればね、もうついていかざるを得ない。来いという必要はない。来たらしかり飛ばす。来るのを願ったからそのとおり来たといっても、その反対に「何、この野郎、何で毎日こんなに朝早くやって来るのか」としかり飛ばす。それでもワァーワァーと泣きながら帰ってから、また来る。そういうような経験をもった責任者には、伝道しなくても人が増えていくんだ。

だから考えてごらんよ。自分の一点を中心として、無限なる霊界を通して神に涙し得る方法、いかに素晴らしいか考えてみなければならない。そういうことを今、現実にやっていると思った時に、霊界があるや、神様があるや否や、そういうことを考えるかというんだ。とんでもないことだ。

皆さんの前に何百人もの人がいるとして、その人々の救いをいかにして成すかを、日夜考えるならば、神は皆さんを通して働き、皆さんの計画は成功に導かれるであろう。だから、神から助けを得ようと一生懸命になるのではなく、神に対して「どうか人々があなたを受け入れるように導いてください」と祈り求めなさい。

先祖がとても悪いような人を伝道すると、かえって逆に蕩減《とうげん》を負ってやられてしまう。そういうことがあるんだよ。だから、伝道する時は、いつでも祈って行く。ずっと祈ってみると、きょう伝道に行って会う人の蕩減がどうなっているのか分かる。基準のある人だったら、すーっと心が引っ張られていく。その強度によってあの人の先祖はいいとか、両親はどうだと分かるんだよ。あなたたちも、そういう体験しないといけない。体験してみると悪霊やサタンをすぐ分別することができる。ピーンと情で分かるんだよ。そういう体験を長い間積んでいくと、とても敏感になって、顔を見つめるだけで、あの人は良心的だとか、そういう人だとか見分けがつくようになる。

先生は、牢屋にいる時は一言も話をしなくても多くの人々を伝道することができた。迫害の中で、全霊界が動員されて先生を守り、証《あかし》をし、多くの人々を先生のもとに導いてきた。先生に対して、かくも助けてくださった神は、同じようにあなたがたを助けてくださる方である。しかし、信仰がなければ、神は皆さんを証し働くことができない。

何よりも先行されなければならないことは、信仰的な伝統、すなわち教会を中心とした伝統が問題になるのです。この伝統を中心として数を確保するのであって、伝統なくして数を確保したところで、これは烏合の衆の勢にしかならないのです。

八、復帰の心情

反対されることによって神に近づく

あなた方の両親は、あなたたのしていることに反対しています。すべての教会が私たちに反対しています。それについて私は次のように考えるのです。反対や迫害には意義があります。あなた方の両親からなされている反対や迫害においては、あなた方は真の父母と、より一体化するように動機づけられています。反対は必ずしも悪いものではありません。私たちがそれによって成長すればいいのです。したがって、私たちはそれに対して感謝しなければなりません。そうすれば私たちは最も強いグループとなり、神が共にいて、よりよい自分をつくることができるのです。

既成教会が私たちの運動に対して反対することによって、その祝福が与えられ、どのようなグループでも私たちに反対すれば、それらの祝福は私たちに与えられるのです。

迫害されればされるほど、祝福がそれだけ与えられるのです。したがって、伝道活動において一生懸命努力しなくてはなりません。そして人の言うことを聞くときには、その人が教会のメンバーになるように、愛のこもった目で眺めなくてはなりません。

天の悲しみ

伝道へ行って、ちょっぴりやって、ああ、いい気持ちになれないなあ。なぜ統一教会に入ったのか、もしも先生を知らなかったらいいのにねって、そういう思いをした者はたくさんいるだろう。それより悲しいことはない。天はそれ以上に悔しい、悲しいことはない。

天のことを思え

伝道しに行って迫害を受けた時、私一人のことを思わず、天のことを思え。神御自身が嘆かれている。打った過ちを許すように求めなければならない。サタンも神を打つことはできない。神に対応する者を打つのだけれど、直接神を打つことはできない。殴られるときは、神共に殴られると思うんですよ。そこに生活の方法がある。

神の心情

もし皆さんがある地方の責任をもって伝道に行って、その地方から追われる。そういうまったただ中に立って、どうにもこうにもすることのできない、その立場に立って祈る。我々には神に対して祈る道がある。しかし、神には祈るところがない。そういう立場に立って祈るその子女たちに対して、神はまた我々よりもっと悲惨なる歴史的立場の上に、また現実的悲しみを背負っているにもかかわらず、御自身の責任を全うせんとして、慰めてくださったり、あるいは導いてやらなければならない。そういう惨めなる立場に立っているのが神である。そういう心情をもつ神であることを、我々は忘れてはならない。だからその身をささげても、天の勝利のある一点を残していきたいという、その最極の立場にあって神に祈った場合には、神はそれを責任として果たしてくれるのです。それを果たしてくれるには、神御自身容易なる道をたどってこられるのではないのです。
神から我々が祈っている、その立場まで来るには多くの段階と連結しなければならない。しかし、我らがそういうふうな最極の悲惨なる立場に立ってこそ、神は直接その活動を開始することができるのであり、それ以外には神御自身で活動することができない。すなわち犠牲の立場においても真なる心が、あるいは傷心の立場に立っても真なる心が、神に願う立場にあってこそ、初めて神がそれを認める。同情し得る立場でなければならないというのである。そういう立場に立っているのが、神の心情であることを忘れてはならない。

日本を伝道するには、数多くの坂が遮っている。それをいかに打開するか。経済力でもって打開するということは一つの方便にはなるかもしれないけれど、それでは問題を決定的に解決することはできない。では何でもってやるか。心情と体と言葉、これが三位一体となって打開しなければならない。そこには物質的条件が入っていない。いわゆる長成期以上の基準に立った神が認め得る、真の子供としての立場、あるいはそういう信念、信仰心をもった子供の立場に立って、神に頼る真の心情と神に頼る真の実在を、神に頼る真の子供としての立場において、すなわち信仰心を中心として、真実なる責任を全うしようとするとき、神は我々に対して救いの手を伸ばすことができる。そういうふうになっている。

神を慰める

いつも先生においての中心となるその心情は何かというと、いくら自分がつらい立場にあっても、悩めるどん底の立場に陥っても、自分よりも悩んでいる天の父がおられるということです。自分における四十数年の苦労は限られた苦労である。しかし六〇〇〇年の神の苦労は、我々人間にどうにもこうにも分かりきれる悩みじゃない。そのことが分かれば分かるほど、我々は頭を下げざるを得ない。従順、謙遜にならなければならないというのです。たとえ百遍、万遍死しても、その神の心情に報いることはできない、ということをつくづく感じる。だからどんな立場にあっても、神に対して感謝の念をもって、蕩滅の世界的道を越えていかなければならない。先生はいつもそれを考える。

だからもし、悲しい、苦しい、たまり切れないつらい立場に立っても、我々がいつも思わなければならない中心問題は、神の心情である。神の心情圏においては喜びはまだまだであって、悩みの心情を抱いている。その痛みの心を、いかに慰めるか。これは我々統一信者としての重大な責任なのです。だから闘って勝利を得たという立場に立てば、神に感謝しなければならない。

今日の勝利は我々によるものじゃない。一から百まで千まで、すべてが神による勝利の決定的動機から出た勝利である。ゆえにそれを知った人たちは涙ぐましいところを通過しながらも、感謝の念をもたなければならない。それでイエス様は十字架の路程を通過しながらも神に感謝の念をもったのです。十字架ののちにも感謝の念が残っていなければ、復活できないというのです。だから我々は闘って、まだ闘わなければならず、勝って、まだ感謝をもって世界に向かって闘いの道を進まなければならない。こういう立場に立っているのが復帰の過程である。皆さんはこの点を忘れてはいけません。

一瞬の苦しみは、誰でも忍ぶことができる。しかし堕落以後の神の足跡は何ですかと聞けば、「我は忍耐である」と答えるでしょう。もしもそういう神の心情を知った神の子女たちがおれば、いかなる苦労の道、いかなる復帰の路程でも、責任をもって行くことができることと思う。国のその復帰の責任ばかりではない。世界的すべての人民を我々が責任をもって、我ひとり子としてついていきたいと願う立場に立たなければならない。これが復帰路程を分かった、統一教会の各個人としての心情基準でなければならない。

我々よりもつらい神

どうせ日本の伝道をしなければならない。それも我々の時代圏内において果たさなければならない。そうするにはもっと犠牲にならなければならない。個人的犠牲も犠牲だけれど、団体的、統一教会的犠牲が必要である。その目的は一つ、世界伝道。復帰は安定した立場ではできない。供え物をささげる立場は血を見なければならない。打たれなければならない。打たれて打たれて忍びきって、そこにおいてなお残らなければ、蕩滅《とうげん》条件は立たない。だから神は打たれて打たれて、そして待っている。そういう戦法を取る。ゆえに我々兄弟は善の立場において、日本全体から攻められ得るようになるか、ということが問題である。全体が一体となって一度に攻めてきても、我々統一教会がその戦いで屈伏させられなかったとするなら、そこで全日本的復帰の出発がなされる。そうするには、全国的活動をしなければならない。善なる立場によって神を代表し、善なる立場に立って悩み苦しんで、そして善の道を開拓しなければならない。

そこにおいてつらい時があれば、神の心情を思え。皆さんが打たれる立場に立つと神も共に打たれる。皆さんが涙を流す立場に立つと神も共に涙を流す。悩む立場に立つと神も悩む。しかし悩む神においては御自身のことだけで悩むのではない。万民を背負って立って、なお我々を慰めなければならない神の立場を思ってみなければならない。だから我々はつらい立場に立っても、つらいという思いをもってはいけない。これは当然なことである。もう一歩進んでみると、もっともなことでなければならないのである。こういう考えでいかなければならない。

だからもし路傍伝道をする時、いつも一人で立ってする、と皆さん思うかもしれないが、一人じゃない。いつでも神の心情の中に立った立場、全日本の国土を一つの祭壇として、その最頂点に立った自分である。そこですべてのサタンよ、我に立ち寄っていけ。そういう立場で伝道する。そういう経験が必要です。

神側の者を犠牲にする

神から見れば堕落した人間はサタンの息子である。かたきの息子である。これは裁かなければならない息子であり、娘である。こういうサタンの子女を救うには、神の愛情を中心として救う。それには愛する人たちを倒さなければならない神の立場である。だから他人の息子、娘を救うために自分の子供をその立場に立たせるというのが神の愛なのですね。自分の愛する立場に立っておるその人たちを供え物として、つまり一人を犠牲にして三人以上救われれば、神は自分のほうを犠牲にするという。こういう神の戦法を知っている先生におきましては、どうすればよいか。世界を復帰せんがためには君たちを打たなければならない。

そういう歴史的な神の心情を分かったなら、絶対的なアベルになれ。イエス様も従順なる心をもってローマの兵士のために祈り、神が同情し得る立場に立って血を流した。我自身のためではなく、人々のために死するという基準が、サタンのほうもカインのほうも認めざるを得ないその基準が決定されたから、イエス様が復活し得る。サタンは復活圏内においては讒訴《ざんそ》できないということになるわけです。

そういうことを考えてみると、どういう人が統一教会の兄弟であり、食口《シック》であるか。誰も願わないところで自分独りぼっちで、全責任を負う日本のアベル、そうして打たれるのが自分の生活である。奪われるのが自分の生活であるという立場に立つ者が多くなれば、日本は早く復帰される。善というものは、奪われてなくなるものではない。考えてみなさい。奪われれば奪われるほど栄えるものである。大きくなるものである。悪というものはそうじゃない。反対である。善なる神の前にあって、アベルとして打たれて奪われるのは不幸ではない。もしそこに死して、人がその立場を分からなかったら、天上の天使たちがその立場を守ってくれる。その死したる日においては、天のすべての霊人たちはその日を祝福する。地上で祝福する人がなければ天上で祝福する。そうなると地上において栄えるようになるのですね。こういうようにして、善の犠牲者を中心として復帰は広められていく。

イエス様の身代わりになる

イエス様の理想世界は世界的理想である。第二イスラエルは、国境を越えた世界的イスラエルである。イエス様は世界を愛したい思いに追われていた。君たちは涙をのむような、たまらない心情をもって世界を眺めなければならない。だから自分の前に現れたニグロのおばあさんがあれば、イエス様を愛するおばあさんに会ったみたいに喜ぶような心情の持ち主になれというんだね。もし年若い者があれば、自分の本当の弟や妹みたいに愛し得る心情の持ち主にならなければ、イエス様の心情を受け継いだ身代わりの者となり得ない。自分は頑として天地の前に立ち得る心情の主体性をもたなければ、その人は地上天国を迎えることができない。

それを考えるとき、君たちは日本の人々のために涙ぐんだことある？　自分の親戚、自分の兄弟に対してそういう心情をもたなければ、いくらでかいことを言っても天には関係ないというんです。イエス様の心情圏内にあるすべてのことの蕩減条件のためには、何一つ果たすことができないというんです。イエス様は愛さんがために、愛されんがために闘いの道を行かれたけれども、実体的に世界を改善することができなかった。その闘いが我々統一教会に受け継がれて、今、闘いのまっただ中にいなければならないのが我々の運命である。イエス様は自分の体を殺す戦争には勝ったのだけれども、愛の目的を完成するかしないかという闘いにおいては勝利を得なかった。だからこの闘いは再び現れてこなければならない。

しかしこの闘いの限界においては、自分の家庭だけ、自分の血統的関係だけを思う者は絶対に行かれない。これを克服しなければ、それ以上の心情圏内に入ることができないというんだね。

天国はみんな願う、そうだろう？（はい）。天国は誰がつくっているか。天のお父様によってつくられているんだから、我々は天国建設だの何だのって言う必要はない？（違います）。じゃ、誰がつくるか。愛の法律は誰が犯したか。人間が五パーセントを全うできずして犯した犯罪である。だから我々が復帰しなければならない。自分たちは誰からも愛されなくとも、自分たちはその人たちを愛し得る時代になっている。イエス様は言いたいことも言えない立場に立っていた。君たちは渋谷の駅に立って「愛する日本の皆様！」とでかいことを言っているが、それで君たちを縛っていく者がいるか。愛そうとするならいくらでも愛し得る自由な世界、自由な環境に立っているのに愛すべき自分の立場を忘れて、愛を受けようとするなら天国はなされないというのだね。

もしイエス様が数多くの祭司長や役人たちに追われていなかったならば、堂々とイスラエルの民族に、何でも宣べ伝えただろう。それを思う時、君たちはイエス様以上の恩恵圏内に立っている。だから北海道の果てから九州の鹿児島の果てまで君たちの足跡を残し、あらゆるものを君たちから愛さざるを得ない涙を流し、あらゆる道端に統一教会の愛に洗われた涙の跡を残し、その涙の跡が天に讒訴《ざんそ》するアベルの血の跡と同じように祈り、訴えるような基準をつくらなければ日本は天国になれない。

日本を誰よりも愛す

君たちは今から地方に行かなければならない。分かっておれば当然のことであるが、何も知らなくても行かなければならない運命をたどっている。すべての歴史の要求は我らを背後から追い立てる。前では神が呼びかける。こういう限界に立っている。前後左右上下共にどうすることもできない運命になっているのが我々統一教会である。だから北海道の北端におる者は九州の南端を何遍も回れ。九州の南端の者は北海道の北端を何回も回り、日本のあらゆる地は、我が足の踏まざる所なし、というぐらいの精神をもって日本を踏んでいかなければならない。

先生はそういう路程を今までずっとやってきた。今も行かなければならない。行く道は遠いにもかかわらず急がなければならない。その忙しい心は、天の心情を知れば知るほど、いかに忙しいか表現できないほどである。君たちとしても、日本におけるその使命を全うすると同時に、先生の行かれる道を神が感動するようなつながりを、因縁をいつでも保ちつつ共に行こう。そうして先生と君たち、君たち同士の四方八方へ広がるつながりと慰め寄り合う力、こういう関係を先生が見て感動し涙ぐむような環境をつくっていくならば、日本伝道は問題ではない。

それをするにはこの国を何よりも愛さなくてはならない。この国を何よりも慕わなければならない。この国のために誰よりも血を流して闘わなければならない。その環境がどうであろうとも、我々はそれを乗り越えていかなければならない。

ある時には社会から、ある時には家庭からそむかれる時があるでしょう。しかしそういう変化、そういう環境によって我々は変化しない。月日が一年、二年、十年も過ぎれば良心的な人々は長い間注目しながら批判してみた結果、この方法、この道でなければ日本は救われないという現実を体験するようになる。そのあとには何年続くか。それが君たちの五パーセントの蕩滅《とうげん》の使命である。それを全うせんがために、荒波が打ち寄せる中に乗り出す。そこでその船が目的を失ってしまったら、それこそおしまいである。その怒濤《どとう》を、目的に向かって乗り越えていくだけの舟人となれば、この道は行ける。

復帰の心情

我々は復帰の路程を行く。だからイエス様の身代わりの立場を再びよみがえらせなければならない。よみがえるのは肉身自体ではない。イエス様がその心情でもって立てた愛の旗を、万民が感謝し、それを勝利の旗として万民が願うようになる。イエス様は愛の道を開こうとして闘ったけれど、それを成就せずして逝《い》った。だから死の境目を往来しながらも、イエス様が愛し得る者は誰一人いなかった。死の間際にイエス様をなぐさめたものは右側にいた強盗である。情けないなあ、そうだろう。強盗である。

イエス様は三十三年間の生涯の目標として愛の心情を願いに願った。しかしそのすべての条件は打ち切られて、最後にあったものは、強盗の情けを受ける惨めなイエス様である。それが、四〇〇〇年間準備されて、天の王子として地上に来られた方の運命であるのか。どう思う？　我々は、それを蕩減《とうげん》復帰しなければならない。

誰よりも苦労せよ

目的を達成するには、人よりよく寝て、人よりよく食べて、人より良い所に住んでは絶対にできない。これは鉄則である。人より以上の基準でもって、そして犠牲を払ってこそ人より伸びる。日本を救おう。日本をみ意《こころ》の前に正そう。今より以上の日本にしよう。それにはより以上の犠牲の代価を払わなければならない。誰がやる？　神様がやってくれるのだろうか？　先生がやってくれますか？　先生は日本に来てやらないよ。日本でするなら、アメリカなんかのもっと大きな国に行きますよ。君たちやりなさい。

世界に責任をもて

蕩減圏の闘いに今半世紀以上の年月を越しているこの悲しみ、勝利の一日をいつか果たし得て、堕落圏を迎えなかった神の本心の心情圏の喜びを迎えながら、神に栄えあれ、神の喜びを得る子孫と共に楽しみ合うそういう時がいつかあるというのが、親は死しても願わなければならない希望である。そこまで願わなければいくらよく働きかけ、いくらよく実証し、勝利の基台を残したとしても、それは堕落圏。消耗戦を我々はやっている。悲しい立場である。

もしここに集まった数百名の若者たち、胸にわき上がるそういう心情をもって日本全国を代表して立ち上がった場合には、日本の急場に立ち上がったならば、世界を目指す神様は日本を乗り越える。世界は我々が責任をもつ、そういう徹底した民族が必要である。それを皆さんに期待してみよう。それが神様の要求である。

惨めな神様の立場

君たち、街頭に立って訴えるなら考えてみなさい。神様がなぜこういう惨めな立場に立ったか。この弱き者を立たせて、何の功労も果たし得ないような者を立たせ、往来する人々に指さされ、笑われながら目的を果たしていかなければならない。神様の立場に立ってそれを思う時、たまらないつらさが我々の前にある。

地獄からの叫び声

あなたたちは考えてみなさい。一年に死亡率が百分の一だと考えて、一〇〇人に一人死ぬと考えてみた場合には、三十六億のうち三六〇〇万は一年に死んでいく。そうした場合、三六〇〇万人は地獄に行く。神から見た場合に大損害である。サタンから見た場合大勝利である。一年早ければ三六〇〇万救われる。十年早ければ三億六〇〇〇万人である。「どうしたら伝道できるか」。今の時は、世の堕落した人間たちの救ってほしいという怨声《えんせい》が天地に響く時である。この声を聞くことができなければ復帰の心情を通過することができない。

時代の切迫

先生が言ったとおりの日本の情勢になった。アジア情勢になった。時間がたつごとに遅くなってしまう。だから準備をなさないものには、勝利は得られない。

今は、一九六〇年から十五年になるけれども、この二十一年間いかなる歴史が変化してくるか。それは我々と世界に対する神の摂理があるからである。見ていなさい。個人の没落、家庭の没落、民族の没落、民主主義の没落、共産主義の没落、既成宗教の没落、すべてが没落していく。

九、『原理講論』貸し出し伝道

これから食口《シック》は、一人が原理の本を三十冊買わなければなりません。これからは地方の有志に本を貸してあげるのです。一カ月に一冊ずつ貸してあげるのです。一カ月で一冊の本をみんな読むことができるのですが、皆さんが一生懸命に勧めるならば二週間で読ませることができます。

これからは、皆さんが宣伝する時です。子供たちがいれば、「必ず読むべき価値のある本ですよ」と宣伝をして、貸してあげるのです。『原理講論』三十冊を持って、一日に一冊ずつ貸してあげて、一冊ずつ回収するのです。一年たてば三六〇冊になります。三六〇人が『原理講論』を読むということになるのです。そうでしょう。さらに二週間に一冊ずつ貸してあげるようにすれば、七二〇冊で、七二〇人の人が原理の本を読むようになります。

日本では、原理のみ言を聞いて食口になった人は四パーセントなのですが、原理の本を読んだほうが、多くの人が食口になるのです。『原理講論』を読んで理解できる人が統一教会に入れば、その人は一遍に中心食口として活動することができるのです。しかし原理を聞いて入ってくる人は、そのようにはなれません。

今、韓米文化自由財団は全国民に対して、募金のための手紙を送っています。それによると、一〇〇通送れば二パーセント以上の返事が来るそうです。そのようにすれば、原理の本を読んで感銘を受ける人たちは、それ以上だと見ているのです。私たちが直接訪ねて、真心を込めて伝道すれば、それ以上の効果が現れるだろうと思っているのです。もし一パーセントだけだと見積もっても、どのくらいですか。

また、原理の本を貸してあげるにしても、そのまま貸してあげるのではありません。途中で感想を聞いて、良いと言う人たちには本を売るのです。そして原理に関心のある人たちがいれば、その親戚や、お父さんお母さん、それに遠い親戚の人に、「お話をするのでみんな集まりなさい」と言って、原理の本を一冊ずつ配ってあげるのです。このようにして講義を続けながら、一週間とか二週間ですべて読むようにして、そこで「どこまで読みましたか」と、解釈してあげながら勉強させるのです。

このように講義をする所が十カ所ぐらいになり、十人ずつ集めて集会を開くことができれば、自分の父母、姑、舅に「きょう私が講義をしますから、一度一緒に行きましょう」と言うのです。舅が「今まで家庭生活をしないであれこれ悪いうわさがあったけれども、いったい何の話なのか」と言えば、「良い話ですから一度一緒に行ってみましょう」と言うのです。舅が反対すれば、その舅に原理のみ言を語るのです。原理の話をするのです。すると、「私の家の嫁は本当に立派だ」となるのです。

一週間もみ言を聞けば、「後援するな」と言っても後援するようになります。このようになれば舅の誕生日にパーティーを開きながら、「今私のしていることは間違っているのですか、正しいのですか」と言えば、「正しい」と言うようになっています。こうして誕生日のパーティーに村の人たちを集めて、親戚の中の一人を司会者にして講義をするのです。そうして家庭全体を伝道するのです。すると自動的に十人は問題なく復帰されるというのです。

それで一年に十人を標準にして総進軍するのです。一万名が原理の本を持って三十人ずつ伝道すれば、三十万人になります。三十万人が三六〇冊ならば、一億八〇〇万になります。

共産党が今日世界を制覇したのは、本をもってやったのです。皆さんは今まで考えてもみなかったでしょう。今まで伝道してきたのですが、本をもって伝道する方法を知らなかったのです。本で伝道すれば、このように膨大な数字が出てくるのです。三〇〇〇万は『原理講論』で伝道しなければなりません。統計的に見ても、日本の場合も四パーセントが食口《シック》になっています。一年に十人を伝道できないということはあり得ないことです。これは科学的数字によっても確かなことです。

原理の本を三十冊持っていない人は、統一教会の人ではありません。これは全世界が同一なのです。全世界の統一教会が統一的な行動をしているのに、主体国である韓国ができないと言っては話になりません。まず韓国で伝統を立てておかなければならないのです。

責任者たちは夜明け前から活動しなければなりません。ただ座って時間だけ潰していてはなりません。一日に一人会って、本を一冊あげて、一人からは一冊の本を回収するのです。それはできないことではありません。これをやらない人は祝福であれ何であれ、何もやってはあげません。全世界的にこのような風が吹いたのですから、私たちはついていかなければなりません。先頭に立たなければなりません。

日本はもう既に『原理講論』を配り始めました。大学生に七五〇〇冊を配りました。大学から早く始めなければなりません。大学で十人が一日に一冊ずつで、一年でいくらですか。三六〇〇人が『原理講論』を読むことになります。そうでしょう。三十人では、一万人を越えるのです。三十人になれば、教授から学生に至るまでみんな読むことができるのです。このような成功の秘訣を、教会長は知らなければなりません。それで一年に十人の伝道目標でやるのです。今後、先生は世界的にどの国が平均的によくやるか見ていくつもりです。

今回私が日本に寄ってみると、以前よりも二・五倍食口《シック》が増えていました。東京でも今は一〇〇〇人以上なのです。しかし私が行くたびに激しく指導するので、全国的に平均二・六倍に増えたのです。二・六パーセントではなく二・六倍です。十人の二・六倍は、二十六人です。そのように増えたのです。ですから先生を知らない人が三分の二もいました。先生に初めて会う人が三分の二以上だったのです。

鹿児島などにいる人たちが東京に来るためには二十四時間、三十二時間も車に乗って走ってこなければなりません。先生を一度見るために、北海道からも、二日間もの時間を取って来るのです。日本にはこのような運動が広がっています。皆さんもそれを知って準備しなさい。早ければ早いほど、早く達成できるのです。

地方の有志たち、小学校卒業以上の人には、みんな『原理講論』を読ませなさい。分かりましたね。皆さんは早く自分のお父さん、お母さん、兄さん、姑、あるいは舅に会って伝道しなさい。全部が『原理講論』を買って伝道しなさい。漢字を知らない人には、漢字を教えてあげなさい。教えてあげながら伝道するのです。

十、家庭教会伝道

なぜ私たちは家庭教会をしなければならないのでしょうか。ほかにも、もっと楽なやり方があるのではないでしょうか。しかし、家庭教会において勝利しなければ、あなた方は自分の故郷へ帰って、自分の氏族を復帰することができないのです。家庭教会を通してあなた方の「カインの氏族」を復帰し、そのあとであなた方の家族や親族、すなわちあなた方の「アベルの氏族」を復帰して、共に天国へ行くことができるようになるのです。

天国は個人で行く所ではありません。家庭単位で行かなければ受け入れてもらえないのです。あなた方はいかにしても勝利して、氏族のメシヤとなり、さらには国家、世界を救う者とならなければなりません。

あなた方の三六〇軒で、先に生まれた先祖たちは何かといえば、天使長です。そして祖先たちは直系の後孫たちを通して、いつでも随時に連絡できる基盤ができるのです。

ですからあなた方が三年半、忠誠を尽くす限りにおいて、「統一教会は良い教会であり、民族と世界を救うことのできる宗教である。そのような実績をもった統一教会である」とおじいちゃんや、おばあちゃん、そしてお父さん、お母さん、お兄さん、お姉さんが言うようになる時、サタン世界は自動的に崩れてしまうのです。反対するカインがなくなってしまうからです。

そうすることによって統一教会を中心として、アベル的な基準とカイン圏の長子権を引き受け、この世に一致された立場に立って、外的なカイン氏族を復帰した人がいれば、内的なアベルの氏族復帰、アベル的天使長の氏族復帰、親戚復帰は、そのままなされてしまうのです。

なぜかといいますと、外的な兄であるカインが屈伏したために、内的なアベル方は自動的に屈伏するからです。そのような恵みに満ちた運勢圏内に来ているのです。全霊界が総動員して、統一教会を信じさせる運勢圏に入っていくのです。仏教であれば、釈迦牟尼が協助をし、儒教であれば孔子が、キリスト教であればイエスが協助をし、その次には自分の祖先全部が、何の実力もない統一教会のホーム・チャーチの責任者であるあなた方一人一人に協助をして、行く道を整えてくれるようになるのです。そうなるから、今まで神様は待っておられたのです。

十一、家庭教会のための祈り

天のお父様、あなたは私たちの親です。
そして私たちはあなたの子供です。
今、あなたの子供である私たちが、
家庭教会のために氏族のメシヤとして出かけますから、
どうぞ天使を遣わして私たちを助けてください。
真の父母が条件を立てられましたので、
霊界においてはもはやすべての障壁はなくなりました。
それゆえ、天国実現のために、すべての霊人と
地上におけるすべての善なる人々が集まって、
私たちを協助するようにしてください。

十二、『御旨の道』より

伝道は情緒が先立って万民を引っ張ることのできる心情的磁石とならねばならない。

常に心情的な引力をいかに補充していくかを考えなさい。

伝道は第二の私をつくることである。

母が、子供を生んで育てるほどの誠を尽くせば問題ないことである。

サタンの墓の中で呻吟《しんぎん》する多くの民のうめき声を聞いたことがあるか。

そして、彼らを解放させようとする公憤心をもったことがあるか。

善なる人を救おうとする人は多いが、悪なるかわいそうな人を善なる幸福なる人として導こうとする人は少ない。

罪悪の歴史が六〇〇〇年あったので、私は一人の人を捕まえて少なくとも六カ月は誠意を尽くし、伝道しなければならない。

先生が三千里隅々を訪ね歩きながら叫びたかったその心情を引き継いで、代わりに叫ぶ者はだれか。

今の時は、世の堕落した人間たちの救ってほしいという怨声《えんせい》が天地に響く時である。この声を聞くことができなければ復帰の心情を通過することはできない。

自分の伝道任地に対しては骨と肉が溶けてしまうほどの感性をもたねばならない。「お父様！　私はこんなにも足りません。しかし私が出なければならなくて申し訳ありません」と祈る心情で壇上で語りなさい。

自分を中心とせず、天の通牒文を持って出た天の精兵だと思いなさい。

伝道の効果は霊的四〇パーセント、原理三〇パーセント、実践三〇パーセントとして表れる。

伝道の任地では、その町民を全部集め、その町に生きていた霊人たちを全部集めて、その町のための忠誠大会を自信をもってやることのできる、信念と生活姿勢をもって歩まねばならない。

高い木に登ろうと思えば、まず下から上がっていかねばならない。下のほうは汚い。同じように一つの村を復帰するためにも一番悲惨な立場から解決してあげなければならない。

自分が汗と涙を流した所から、一握りの土でも復帰しようと考えなさい。

神様が与えてくださったこの期間中に神様の仕事を多くやった者は、これから神の恵みを多く受けるであろう。ちょうど、学校の成績が自分の一生を付きまとうのと同じように、この一時の功が永遠について回るだろう。

生死の頂点を共に越えることのできる三人を探し出して立てなさい。

問題は「私」である。

地方へ伝道に行ったときも、私は「乞食」として来たのか、「見物人」として来たのか、「主人」として来たのかが問題である。

伝道に行くのは、世話になるために行くのではなく、世話をするために行くのであるということを明確に知りなさい。

彼を利用しようとする心をもってみ言を伝えては絶対に道の基準が立たない。

真実をもって与えなさい。

地方に行ってはかわいそうな人を見て泣きたい心、与えたい心があふれなければならない。

このような心をもって伝道し、祈る立場は神様に同情されるのである。

休むな！　休んでいては必ず地をたたきながら痛哭する時が来るだろう。

必ず道がある。見つけ出しなさい。

伝道ができないと嘆く前に、私自身が心と体が一体化され、万民の前にプラスになる実体となっているかということをまず嘆き反省しなさい。

自分の基盤を築き上げるため、あるだけの誠意を尽くしなさい。そうするために、①み言を与えて、②行動と人格でみ言に対する手本を見せてあげて、③その人をして自分のすべてを直告することのできる心情的因縁を自分と結ぶようにさせ、④彼に信仰の道において忘れようとしても忘れられない数多くの追憶を残させて、⑤彼のために自分が動いたのと同じように彼もそのように動くようにさせ、⑥自分の代身者としなければならない。

伝道がうまくいかないときは、望みを失わず備えておきなさい。時が来るまで誠意を尽くしなさい。そして善なる人を真心から慕いなさい。

万民を救おうとするならば、万民の境遇を理解しなければならない。

こちらに来いと言わずに、こちらから出ていって伝道せよ。

私はどれほど人を愛するために、人を救うために、涙したことがあるか。
真なる犠牲なくしては、人を真に生かすことはできない。

伝道する時には、その人の話を全部聞いてあげて、その人の事情を全部占領したあとに
自分の事情を知らせなければならない。

伝道は接ぎ木する業であるので、その人と、相衝突する要素を全部除去したあとに相通
ずる要素をもって伝道しなければならない。
その人の全事情、自分の父母や相対者にも言えない秘密を全部吐き出させるようにした

あとに伝道し始めなければならない。

自分が誠意を尽くしたことに対して、たとえ結実がなくても後悔するな。神様のみ業は発展するものであるため、十年、二十年を耐えて誠意を尽くせば発展するようになっている。

職場において働いても「何とかしてこの場までも神の因縁を広めさせてください」という心情をもって働かなければならない。帰らなかったならば、もっといてくれたならば何でも与えてあげたい、という心情があってこそ人が伝道され、復興される。

自分の救いのみを目的とする宗教は必ず滅びる。すべての人と共に救いを受けていかなければならない。

善い祖先をもった人を伝道すれば、自分の祖先の功労がなくても善なる祖先をもった人の祖先の功労が自分に連結される。

一番低い人に対し、一番最高の人と同じように伝道すれば神様も感動なさるだろう。

床に就くときも「人類を復帰するための父のみ旨があるのに果たせずして、彼らのために力尽くせずに寝る自分を許してください」と祈って寝なければならない。

いつ命を懸けてみ言を伝えたことがあるか。

神様の事情、心情、願いをもって相手の事情、心情、願いに訴えるときに感動を与える。私が行って伝道すれば神様、私、伝道を受ける人、このようにして三代のみ業がなされるので力が出る。

世界を心に抱いて進むのが神様の生活である。

一時間伝道しようとすれば三時間は祈りなさい！

人を訪ねていく前に涙を流さなければならない。涙を流す人は神様が共に働いてくださる。

夜遅くても帰るのか、と思って心配するようになってこそ伝道できる。行ってしまえばいいと思えばできない。

何でも与えたいし、食べさせたいようになれば発展する。そしてだれよりも引っ張ってあげ、抱いてあげれば導かれる。

夜、寝ずに祈れば、夜寝ずに訪ねてくるようになる。

特に親戚と親友に伝道しなければ、あの世に行って彼らの讒訴《ざんそ》を免れることはできない。

統一教会に入ってきて伝道を一度もしないで霊界に行けばおしになる。生かそうとする切ない心情で対してあげたにもかかわらず、相手が受け入れてくれなければ、彼が築いてきた恵みを奪ってくるし、彼の功労も私のものとなってしまう。

み言の目的は実体であり、実体の目的は心情である。ゆえに、み言を伝えるとき、天の心情を伝えることにその目的をおかなければならないし、み言を聞く人もそのみ言を通して天の心情を知ろうと努めなければならない。

指導者は食口《シック》に対するとき、関心と愛着をもって楽しく対しなさい。まず自分自身がみ旨に酔っていてこそ相手の人に伝えられるのである。そして、食口に対する場合には夜遅くても恵みを高めるための尊い時間を失わず、時間観念を離れて最善を尽くしなさい。

み言を伝えるとき、真心でもって受けたので、真心でもって与えなさい。私の心情に天の心情を加えて与えなければならない。

み言がみ言として残っていてはならない。そのみ言が実践されることによって、初めて発展があり、世界の完全伝道が可能となる。

信仰の三子女を立てなければ七年路程は無効になる。

皆さんは先生よりも少ない年齢で信仰の子女をもつことができるというのが、いかに恵みであり感謝であるか知れない。

信仰の三人の子女は三大祭物に該当する条件物である。

それゆえに信仰の三子女がなくては神様の前に復帰されない。

信仰の三子女を立てておかなければ、自分の子女を愛することができない。

信仰の子女が直系の子女に腹中から完全に侍るときに蕩滅復帰は完全に終わって、サタンは我々の家庭から血統的に完全に切れてしまう。

元来は信仰の子女三人を立てておいて子供をはらみ、腹の中から信仰の子女が完全に侍り得る立場を立てておいてこそ、天国に行ける子供を生むことができる。

アダムの前には侍らなければならない三人の天使長があった。

これを復帰するためには、子女を生む前に、腹中から侍らなければならない三人の信仰の子女を立てて、絶対に屈服する立場を立てておかなければならない。

第三章　伝道の方策

一九七七年四月一日　ニューヨーク
グレイスミーア

個人的蕩滅の基台

私は今までたくさんのスピーチの中で、伝道に関するあなた方の質問に答えてきました。しかし、要約して言えば、あなた方は霊界を動員しなければなりません。私は一言もしゃべらずに伝道します。私は刑務所にいた時、言葉を使わずに多くの人々を伝道しました。霊界が私を証し、彼らは自分から進んでやって来たのです。

ある人々にとっては伝道は非常にたやすいが、別の人々は伝道の効果を上げることができず非常な困難にぶつかることを、あなた方は既に気づいているかもしれません。伝道の効果を上げるためには、人々は個人的な蕩滅の基台をもたなければならないという、霊的な法則があります。二人の人が同じ困難な状況に直面しても、一人は多くのことを達成できず、もう一人は容易に結果をもたらすことができます。その差は主に、成功した人の祖先は彼を協助する資格があるということから生じます。

神と教会と自分自身

伝道をする人は誰でも、その相手が、神と、教会と、自分自身に関心をもつようにさせることができなければなりません。これはどうしてなされるでしょうか。最も高いレベルの人々を伝道する時も、一般大衆を伝道する時も、我々の接近方法は同じです。もしあなたが、自分自身の個人的な基台なくして伝道したとしても、彼らは応じようとしないでしょう。あなた方はどのようにして自分の基台をつくるかを考えなければなりません。

人々は、他人の注意を引いたり、他人を利用することにより、自分の人生を進歩発展させようとしていることにあなたは気づくはずです。我々のメンバーが統一教会に入るきっかけは、自己中心的であったり、個人的な目的が絡んでいたり、全く様々です。例えば多くの人々は霊的な洞察力を求めていて、統一教会がそのような霊的啓蒙をなさしめることを知って、教会に入会します。しかし、ある人々は物質的な目的を追求し、統一教会が将来発展すれば、自分たちの生活が他の所にいるよりも良くなるだろうと推測します。もちろん統一教会にいることにより、霊的にも他の点においても失うものがあれば、彼らは遠からず教会を去ることは明白です。霊的な理由から参加した人々だけではなく、様々なタイプの人々が統一教会に参加することでしょう。

我々がニューヨーカー・ホテルやティファニー・ビルディングを買ったことにより、人々の態度は変わりつつあります。大学を創設したり新聞社をつくることは、多くのお金を必要とし、非常に難しいことですが、いったんこれらが建設されれば、それらは現実的な意味で人々の心を動かす媒体となります。これは、我々が従うべき論理的な方法です。人々は私について様々な意見をもっています。マスコミから得た浅薄なイメージをもった人もいれば、統一教会に深い関心を寄せ、私に真の興味を抱く人もいます。彼らは究極的に私を尊敬すると思いますか？　それとも軽蔑すると思いますか？　私は私の生きている間に、あらゆる学問の分野の人々が私を研究し、私に関する論文を書くことをはっきり予測します。彼らが研究するための豊富な材料がそろっています。

人々はこの社会でお金を稼ぐことがいかに難しいかを知っているので、大金持ちを尊敬する傾向があります。一つの大学を創設し、それを運営することは非常に難しいので、政府ですらそれをする余裕がありません。彼らはいつも費用を維持するために苦労しているので、もしある個人が何もないところから一流の大学を創設したならば、知識人たちは驚くことでしょう。同じことが新聞社についても言えます。

我々の教会を証する様々な出来事があります。十五年前までは我々の財産はこの部屋の半分ぐらいの広さの小屋以外には何もありませんでした。けれども私の話はすべて世界を救うことについてであり、神のみが我々の必要とする資金をつくることができると力説しました。多くの人々は、私が理想主義者であるとか、正気ではないと言いました。今私がこれと同じことを話しても、ほとんどすべての人が私を信じます。

韓国での状況を述べると、トップクラスの指導者をはじめ、民衆に至るまで私のことに非常に敏感です。これは非常に不思議なことですが、韓国人だけでなく日本人も私が単なる一時的な人物ではないことを知っています。彼らは私がアメリカでやっていることを聞くときは一心に耳を傾けます。

偉大な人々は大抵生涯変わらぬことを決意しています。この最も恐ろしい特質をもつことにより、彼らは十年たてばどのようになるでしょうか。あなたは十年先の自分を思い浮かべることができますか。もしあなたがこの国で二十三歳の人を例にとるならば、彼らはこの国を変えるためにどのような資格を得るでしょうか。この兄弟を御覧なさい。彼は青年には見られないビジョンと決意をもっています。十年たって、彼が三十三歳になった時、彼はどのような恐るべき人になっているでしょうか。彼はこの期間に向上し続け、普通の人が生涯かかっても経験しない多くの新しいことを経験するでしょう。たった五年で全生涯に匹敵する経験をさせることができるのです。何という勝利でしょうか。

アメリカ人は知性と心情をもったレベルの高い人々ですが、一人の東洋人がこれらの若いアメリカ人を真に回心させることができたのです。これは世界中で最も大きなハプニングの一つと言えるでしょう。これからは、あなた方の進歩は速度を増すでしょう。我々に対する反対は根拠のないものであるゆえに、人々は我々に対する否定的な意見を変え、我々が真に勢いを増す時がすぐに来るでしょう。あなた方一人一人がこの体験を共にするでしょう。

教会を助けることにより自分の夢を実現

あなた方は自分の夢をもっていますか？　あなた方はその夢を実現するためにあらゆることをしなければなりません。多分私があなた方のためにこの夢をかなえてくれるだろう、と考えてはなりません。漠然とした願望や希望を抱くことは一時的には良いとしても、統一教会が大きくなればあなた方を助けてくれるという態度は決してもってはなりません。そうではなく、統一教会を助けることにより自分の夢を実現しなければなりません。そうすれば神はきっとあなたに味方するでしょう。

あなた方は「誰かが私の夢を実現するために私を手伝うことは良くない。なぜなら私は自分が受け取ったすべてのものの代償を支払わなければならないから」というように考えるべきです。あなた方は自分の州で一〇〇人、いや一〇〇〇人の人々を自分の手で育てることをいつも思い浮かべなさい。もし我々が全面的に献身することなく、涙の出るような努力を怠り、若い時に苦労をしなければ、我々が年を取ってから喜びを味わうことはできません。この点ではこの世的な方法と天の方法は全く同じです。もしあなたがいったん自分の責任を果たすならば、他の人々はあなたを助けるようになるでしょう。しかし、もしあなたが最初に助けを求めるならば、あなたは自分に必要なことを果たすことができなくなるでしょう。

もしあなたが州のリーダーであるならば、最小限払わなければならない注意は、その土地を巡回し、その土地であなたが配慮すべきものは何か、愛すべきものは何かを知ることです。少なくとも一度は自分の州を完全に巡回しなければなりません。一九六五年に私が初めてアメリカに来た時、私が最初にしたことはできるだけ早くアメリカを回ることでした。私はホテルに宿泊したりレストランで食事することなく、ただ動き続けました。

きょう、あなた方のうちの一人が良い問題を提起しました。この兄弟は自分の限界に来たのです。しかしその時、もし彼が前進し続けるならば神が働くでしょう。我々はその限界を絶えず克服していかなければなりません。困難にぶつかっても決して心配してはなりません。ただ次に来るべきものに注意を向けなさい。その困難に負けなければ、それはあなたをその環境の中でできるだけ高いレベルにまで復活させるでしょう。あなたは、神と一つになっている限り神は自分を見捨てないという確信をもたなければなりません。（今）あなたの立場は悪いように思われるか、または実際に悪いかもしれません。しかし、あなたがその困難を乗り越えた瞬間にそれは善の側に有利なものとなるでしょう。

最も反対が激しい時に、私は次に起こるべきことと、そのあとに来る教訓が何であるかに最も深い関心を寄せました。あなた方の人生は一本の竿でバランスを取りながら綱渡りをしているようなものです。あなた方が綱渡りをしている時は右に倒れるか左に倒れるか、天国に行くか地獄に行くか分かりません。しかし、どちらにしてもあなた方は自分でバランスを取りながらその綱を渡らなければなりません。我々は本当に緊張した立場にあります。もしあなた方が今重大な間違いを犯すなら、永遠に問題となる結果が生じるかもしれません。一般の社会生活においては、たとえあなた方は一度や二度道を踏み外そうと、大して問題にはなりません。しかし我々の路程においては、道を守るためには命さえも捨てる覚悟をしなければなりません。もしこのような道を行かないならば、我々はどうなるでしょうか。

イエス様はピラトや祭司たちばかりではなく、普通のユダヤ人からも自分がユダヤ人の王であるかと尋ねられました。平時のイエス様は、自分のすべての弟子たちにこのことを誰にも語ってはならないと教えていました。しかし最後の瞬間が来た時、イエス様はそれを否定しませんでした。もし否定していたならば重大な結果が生じていたかもしれません。

あなた方はアメリカの運命がまっすぐの線をたどらず、上がったり下がったりしていることを想像できるでしょう。これはすべてに共通している自然現象です。例えば、水は水平な土地では流れません。何ものも一カ所にとどまることはできないので、いつも上がったり下がったり変動があります。霊的にアメリカは今衰退の時期にあります。もし現在のパターンが深く定着すればそれを覆すのは非常に難しくなるでしょう。もしある力がこの方向を変えなければ、アメリカは急な下り坂を降りることになります。

御存じのとおり、もしある物体が非常な速さで落ちてくる時、ある力がその方向を変えるならば、落ちる力の弾みでそれは非常に速く進みます。歴史もそれと同じことが言えます。すべてのものが腐敗し衰退していく時は、正に神がその事態を引き上げるために新しい方法を啓示すべき時です。これは歴史的に例外のない事実です。世界は今、そのような時期に差し掛かっており、我々がやっていることは正にそのための復帰の仕事です。この仕事を我々はアメリカだけに限ってやるつもりですか？　否、そうした場合は、我々はしばらくすれば再び堕落するでしょう。生き残る唯一の道は、世界的な基準に達するまで絶えず拡大し続けることです。これは神の願いです。もし我々がこのような道を行くなら、神は我々をさらに向上させることでしょう。

絶えず戦う

私の強い忠告は決して安楽に過ごさないということです。外に出て否定的な人を伝道したり、新しいタイプの人に講義をするようにしなさい。そしてその戦いを持続し、成功を収めるよう努めなさい。もしあなたが自己満足に陥るならば、むしろ思い切り不快感を味わってごらんなさい。そのような不安をもつことにより、次にはそれを乗り越えることができるでしょう。

あなたが本当に自分をどうして良いか分からなくなった時は論争を巻き起こしなさい。そして群衆とけんかをし、彼らにあなたを殴らせなさい。打たれている時に感謝し、その瞬間を利用しなさい。もしあなたが本当にこのことを理解するなら、あなたはなぜ私がそれほど反対を気にしないかが分かるでしょう。事実、私はそれを歓迎します。あなた方は理由なく打たれれば当然腹立たしくなります。そして再び戦うための刺激を与えられます。我々が目標を決定する時は完全な勝利を目指さなければなりません。なぜならばそのような心で望むことにより、我々はいつも勝利することができるからです。チャンピオンはいつでも戦う用意があります。もし彼が十年間チャンピオンでありたいと願うならば、彼は十年間戦い続け、勝ち続けなければなりません。それが、彼がチャンピオンとしてとどまることを保証する唯一の方法です。

十年前に反対した人々と現在反対している人々を比べれば、これから十年先に反対する人々はどのような人々であるかを私は予言することができます。我々は共産主義と取り組むことになるでしょう。十年前に我々に反対した人々は小さな韓国の人々でしたが、現在我々はアメリカの人々から反対されています。実際比較という点においては、それらの違いはその国の大きさとは関係ありません。しかしながら、もし共産主義世界全体が結束して我々に反対したらどうなるでしょうか。我々はその日のために準備しなければなりません。そしてアメリカの現在の反対のみを心配すべきではありません。

我々は神を模範にすべきです。神は数千年間チャンピオンです。神は負けたことはありませんが、絶えず戦いを挑まれてきました。これは神の摂理の様式であり、神は絶えず戦っています。我々に対する反対は、ついには何の反対もなくなる日が来るまで続けられるでしょう。あなたは自分の州のチャンピオンになる覚悟がありますか？　もし大きな反対が来れば、あなたは荷物をまとめて教会を去りますか？　もし誰も反対しない場合は、州知事の所に行って彼と議論すべきです。もしあなたが戦うならば、僕《しもべ》の僕のような弱い敵を相手にしてはなりません。最も強い敵に挑戦しなさい。たとえあなたが最初から負けたとしても、あなたが企てたその記録は残ることでしょう。

涙の祈り

もし我々が一―一―一（一カ月に一人が一人を伝道）を達成することができないとするならば、それでも我々は歴史的な責任を負うと言うことができるでしょうか。このことを深く考えてごらんなさい。もしあなた方が私と同じくらいの責任感と危機感をもっているならば、あなた方は一―一―一を達成することができるでしょう。あなた方は伝道している時、路上で本当に泣き出したことがありますか。あなた方は眠らないで祈ったことがありますか。私は私の厚い衣類がびしょ濡れになるぐらい神に談判し激しく祈りました。このようなことは何度もありました。そうしたことがなければ私と皆さんとは何ら違いがありません。我々は同じ量の食事を取り、同じ二十四時間を過ごしているのです。

伝道者として皆さんは人々のために涙で祈るぐらいの深い関心をもたなければなりません。皆さんは自分をそのようにさせるために努力しなければなりません。しかしながら比較するためには、私の体験というものがなければ、あなた方の進歩はそれほどではないでしょう。もしもあなた方のうち勤勉なメンバーの一人が、どこかに行って夜中まで帰らなかったと仮定してください。皆さんは彼が戻るよう祈りながら、本当に寝ないで彼のために泣きますか？　もしあなたが、そのようにして彼が次の日戻ってきたとしたら、彼もまた眠れない夜を過ごしたとあなたに打ち明けるでしょう。

あなた方は単に信仰生活を過ごしているにすぎません。それは涙を伴い、確実に霊界と結び付くものでなければなりません。もし皆さんがこのようなことを体験しなかったとしたら、皆さんの信仰生活は改められなければなりません。皆さんが祈る時、自分の中から深い感動が湧き上がることなく、寒さを感じるようなことがありませんか？　もし皆さんがそのような状態にあるとしたら、皆さんは蜜を吸う蜂を引き付けることのできない花のようなものです。人々は神があなた方と共にいるということを感じる時に、人々は彼らの人生があなた方の人生とかかわりをもつことを願って、あなた方のもとに集まるでしょう。皆さんは自分の心の中心に神の存在を感じなければなりません。もし皆さんが霊的にこのことを維持し続けるならば、人々は集まり、皆さんの中に平安を見いだすことでしょう。毎日考えなくても皆さんは誰が訪問して来るか、どんなことが起こるかが分かるようになるでしょう。皆さんがそのような心を広げていくならば、伝道がどんなにおもしろくなるかを想像してみてください。このような理由で、あなた方は深い熱心な祈りをしなければならないのです。

　私が最も熱心に祈った時期は、私が他人の命のために伝道した時でした。私は九フィート四方の場所で祈りましたが、その場所はいつも私の涙でびしょ濡れでした。一人の人が涙のまっただ中で神から離れていきました。そして今、その人は復帰されつつあります。そのように我々は神と、涙の立場で出会わなければなりません。私は今はそんなふうには祈りませんが、あなた方はこのような体験をしなければなりません。私を最もよく知っている人はお母様です。なぜなら私を二十四時間見ているのはお母様ただ一人だからです。お母様は私がまず行動し、次に話すのを見ているから私を尊敬しています。私が話す時は、いつもそれが私の行動と一致していることをお母様は知っています。お母様はこのような基準で私と共にいる立場にあります。お母様は今まで困難な人生を歩んできました。お母様は長く祈る時間もなく子供たちの面倒を見る立場にあるので、私は本当に彼女のおかげを被っています。

あなた方が祈る時、神の霊が本当に近くにあるという感覚をもたなければなりません。そのような祈りのあとは霊的な勝利に満たされて安心感を与えられるでしょう。私はこうしなさいとあなた方に言うことはできますが、最も大切なことはあなた方が自分で祈りの必要性を感じることです。あなた方はおなかがすけば食べたくなります。同様に、もし祈らなければ落ち着かないというぐらい、祈りの必要性を感じなければなりません。そのような衝動と祈る必要性を何度も感じた時に、あなたは意義深い祈りを体験することができます。

皆さんは時々何か重要なことが起こると感じ、数分間でさえじっとしていることができなくなるかもしれません。そのような時には、まずある方向を感じ取ることができるように祈り、自分がどうすべきかを決意しなさい。一般的にあなた方がそのように感じる時は何か重要なことが起ころうとしているのです。我々は蕩減《とうげん》による復帰の道を行こうとしています。そして、起ころうとしているどんな重要なことに対しても、弁償に相当する条件を支払うことを予期すべきです。我々は最初にどんな困難も祈りで乗り越えるよう準備し、決してそれに負けてはなりません。

皆さんは祈っている人が実際に現れることにより、その人を確認することができます。彼は痩《や》せてあまりハンサムでないかもしれません。しかし彼の目は輝いていて、その痩せた体は光を放っています。皆さんは自分の中にいつも力を蓄えておく必要があります。

あなたを満たすために絶えずわき上がる小さな泉をもつことは、水源のない大きな貯水池をもつことよりも優れたことです。そのような貯水池は、すぐになくなってしまうでしょう。しかし小さな泉は、あなたがどんなにたくさん使おうとわき続けることでしょう。祈りによってあなたはいつも満たされることができます。

霊的な識別力

あなた方は、生気を回復させてもらいたいために私の話を聞きに来るような人になってはいけません。なぜなら、あなたは何度も何度もそうしなければならなくなるからです。むしろあなた自身に供給することのできるものを見いだしてごらんなさい。もしあなたがそうすることができるならば、私は霊的に現れてあなたを直接に導くでしょう。

多くの人々はオンニィ・ダースト（ダースト教会長夫人）は伝道が上手だと言っています。しかしあなた方と彼女のたった一つの違いは、彼女が私の夢をよく見るということです。彼女は、私がどれぐらい彼女の夢の中に現れるかにより、どれぐらいの人々が教会に入るかを当てることができます。彼女は私が何度も現れる時は多くの人々が来るということを知っています。もし私が時々しか現れないならば、ほんの少しの人々しか来ません。これはあなた方の眠っている時に起こることですが、最も良いのはあなた方が祈っている時に受ける幻です。

あなた方のうち何人が、私が現れて教えたという体験をもっていますか？　そのような体験を多くもてば、皆さんは目を開いていても導かれ、洞察力を得ることができるでしょう。皆さんは目を開けていても、熱心に祈ったり深い霊的なかかわりをもつことができます。このような能力をもてば、皆さんは誰が良い人か悪い人かがすぐに分かります。あなた方の霊的な識別力は奇跡的です。それをもてば、あなたは何でも分かります。皆さんはそうなりたいとは思いませんか？　それを達成するためには、皆さんが特に祈りにおいて蕩減《とうげん》条件を立てねばなりません。

祈りに最もふさわしい場所は、山などの自然の中です。私は真冬に毛布一枚を肩に掛けて雪の中で座って祈りました。私は、もし眠ってしまったら凍え死んでしまうということを知っていたので、熱烈に祈りました。これは私の路程ですが、今日の統一教会のメンバーの中にはこのような貴重な体験をしようとせず、ただついてくるだけのメンバーがたくさんいます。多分皆さんはこれは大事なことだとぼんやりとは悟っているのですが、まだそのことを深く理解していないのです。皆さんが会議ののち、自分のセンターに戻ったならば、最初にすべきことは祈りです。

あなた自身が祈るだけでなく、あなたのセンターには絶えず祈りがなければなりません。あなた方のセンターで二十四時間絶えず祈祷することを、私は再びお勧めします。もしそれをするだけの人数がいなければ、誰かの祈りをテープに取り、それを流しなさい。祈りはそれほど重要なものです。祈りはすべてを洗い流し、命が生まれるために土地に水分を与える雨のようなものです。

私が困難な状況に直面する時は、霊的な環境はたった一つの出口もないほど真っ暗です。そして私はどのようにしてすべての問題を解決しようかと考えます。このような時には、私は自分自身の生活を忘れて、最も真剣に祈ります。そして私が祈る時、私がそこから抜け出る道が徐々に開けてきます。このような時に、皆さんは天に属する解決と、自分に属する解決と、地獄に属する解決をいつも見極めなければなりません。この三点をいつも区別しなさい。

朝、目を覚ました時、あなたが最初に考えるべきことは、天に挨拶をささげることです。その日あなたがしようとしていることを神に報告しなさい。あなたが朝約束したすべてのことをその日のうちに完了した時は、大きな勝利感を味わうことでしょう。体験を通してのみ、皆さんはそのことを深く理解することができます。

皆さんがこの勝利から来る喜びを体験するならば、皆さんは皆さんの人生においてほかに何も求めなくなるでしょう。これがあなたが努力しつつ疲れて過労に陥っている時も、あなたを持続させる原動力になるのです。もし皆さんが努力しつつ疲れて、着物のままでベッドで数時間眠ったとしたら、目が覚めた時には、一晩中眠った時よりもさわやかに感じることでしょう。そのような人生は少しも人を疲れさせません。皆さんがそれを続ければ続けるほど、皆さんはそれを願うようになります。神も喜んで皆さんを応援し続けることでしょう。

深い愛の感覚

私は、特に一九五〇年代は、何日も眠れない夜を過ごしました。私は一人間として、どうしてそうし続けることができたのでしょうか。

私の喜びや幸福に対する感覚は、私の周りを取り囲んでいる新しいメンバーに語る時に、たとえ朝の三時になろうと、何時間でも続けたいと思うほど非常に大きなものがあります。もし彼らのうちの一人が、朝何か用事ができておれなくなった時は、私は彼が行ってしまうことを非常に寂しく思いました。そして彼がもっと長くいてくれることを願いました。皆さんもこのような感情を体験しなければなりません。私が彼がいなくて寂しいと思うその分だけ、彼ができるだけ早く戻ってくることを私は知っていました。なぜなら彼もまた、別れていることに耐えられないからです。

この熱意があなた方と私の差を目立たせるのです。皆さんはこのことをはっきり理解しなければなりません。なぜなら、皆さんがこのようになれば、羨《うらや》むものは何もなくなるからです。どんな願いも欲望も野望も皆さんを取り立てたりはしません。皆さんがそれを維持する限り、幸福は皆さんのものとなるでしょう。もし皆さんが霊界と緊密な関係をもちながら働くことをいつも真剣に願うならば、それをいつも考えている必要はありません。それは自動的に起こります。私はこのようにして孝進《ヒョジン》を育てています。彼には霊的にきれいな音楽が聞こえます。私はそれが自然の体験であると彼に話しました。

我々は霊的な恩恵を受けるために祈りをささげます。祈りは皆さんが毎日しなければならない霊的な食事のようなものです。私は今、祈りにおいては熟練しているので、ある方法で自分を主管し、数秒後に真剣な祈りの結果を得ることができます。ほんのちょっとの間真剣に考えたのちに、私は私が行こうとしている会合の雰囲気や、人々が内的な基台をもっているかどうか、また準備された人々であるかどうかが分かります。献身的な心をもった人は、数千人の中にいても目立つものです。

人々の霊的なエネルギーが強い時は、会場全体を燃やし尽くす火がともされます。もしあなたがこのようにする方法を見いだすならば、眠れないことは問題ではありません。霊界はいつもあなたの近くにあります。私はこの話を続けることができますが、皆さんがあまりその中に巻き込まれると、ある深い空虚感に囚《とら》われるかもしれません。祈りをそのように強調することは皆さんの忙しいスケジュールと矛盾するように見えるかもしれません。しかしそれでも皆さんはこれらのことを実行すべきです。我々はいつかは霊界に行くのだから、そのことを理解することは大切なことです。

もしある人が、神様よりも誰かを深く愛したことがあったとすれば、彼は統一教会に入ったのちにその基準を覆して、神様と真の父母に対する、より深い愛を培わなければなりません。この深い愛の感覚は、霊界の協助を受けるための一番の近道です。皆さんが涙を流さざるを得ないほど強い私の愛情の虜《とりこ》になる時に、皆さんは即座に霊界と通ずることができます。特に姉妹たちはこのような体験をしています。もし皆さんがそのような体験を三、四回するならば、皆さんは直ちに霊界と通じることができるでしょう。

自分はその人を救うために来た

皆さんの目標はできるだけ神に近づくことですから、皆さんは私と共にいることを切実に願わなければなりません。皆さんは私に会いたいと願うならば、眠れない夜や空腹の日が何日続こうと、それらを克服することができなければなりません。皆さんが肉体を克服した時に、霊界はすぐそばにあり、皆さんを協助します。瞑想に耽《ふけ》ったり祈ったりしている人が突然に私の人生の意義――どうして私が数千年ののちに征服し難いそのような距離をもちながらやって来たかを悟るかもしれません。その人はたとえそうすることができなくても、私のために世界で一番立派な着物を買って上げたいと切実に願うかもしれません。そして、のちに彼がうたた寝をしている時に、私は最も素晴らしい着物を着て彼に現れ、「心配しないでいいよ。あなたがこれを私にくれたのだ。私はあなたの贈り物を着ているのだよ」と彼に言うでしょう。これは重要な体験です。あなた方の深い願いと、あなた方の体験との、このような相関関係は絶えず存在しています。皆さんはそのようなことを体験したことがありますか？

そのようなレベルに到達するには、どこから始めますか。それは実際にはあまり難しくありません。皆さんがこの地上で誰かに巡り合う時、皆さんは自分が正にその人を救うために来たことを自覚し、その人を尊重しなければなりません。皆さんは皆さんがたやすく評価できる有名人は言うまでもなく、最も取るに足りない人にもそのような愛と親しみを感じなければなりません。最も取るに足りない人でも、私がその人を救うために来たがゆえに、皆さんは彼を愛さなければなりません。そのような親しみを他の人に対しても感じるように自分を訓練しなさい。一人のメンバーが入教した時、どんなに彼がみすぼらしく見えても、私が彼のために来たことを忘れてはなりません。そして私同様に彼を尊重しなさい。皆さんはそのような愛から来る非常な親密感と生命力を味わわなければなりません。

皆さんは、私が六〇〇〇年目にして初めてその人に会って、どんなにうれしかったかを体験しなければなりません。そしてそのような心ですべての人々に接することを学ばなければなりません。皆さんは徐々に彼らに対する情熱を深め、皆さんが十回目に彼らに会う時も、最初会った時と同じくらいうれしく思わなければなりません。もし皆さんが心の中で彼らと私を関連づけることができれば、彼らに対する深い愛は自然と皆さんの中にわいてくるでしょう。

霊の糧を与える

私がどこに行こうと、私と共にいたいという皆さんの憧《あこが》れは、すぐに他の人に伝わります。私はメンバーと一方通行の関係をもつことしかできません。しかし皆さんは、様々な方法で人々と関係をもっているので、私よりももっと有利な立場に立っています。そして彼らを私の兄弟姉妹または私の両親だと思って、それに相応して彼らに接することができます。このように、皆さんは私よりも有利な位置にあるのです。

皆さんがある人に対してそのような愛を深く感じる時に、もし彼が二、三日来なかったら、皆さんは自分をどうすることもできないほど切実に会いたくなるでしょう。皆さんが心の底から「彼に会わせてください。彼がいないと生きることができません」と祈る時、彼は温かい気持ちに引き寄せられてやって来ます。一度そのような絆が結ばれれば、たとえ皆さんが彼を追い出しても、彼はあなたのもとを離れないでしょう。このことが分かりますか？　多くの人々が現在教会に来ていますが、また多くの人々が教会を去っています。我々はその理由を容易に分析することができます。彼らを尊敬し愛するのではなく、その反対の方法でリーダーたちは彼らに接してきたのです。もし皆さんが彼らに自分を愛し尊敬することのみを期待するならば、彼らとの関係はあまり長くは続かないでしょう。

もしあなたが、ある人を正義の人として取り扱うならば、あなたは正義の人としての報酬を受けると聖書に書かれています。あなたがどれだけ自分自身をあなたのメンバーに与えることができるかにより、神はそれに相当するものをあなたに与えます。オンニィ・ダーストは、自分の霊の子女たちに霊の糧を与えることを切に願って、霊の糧になるものを絶えず探しているという点で、他の兄弟姉妹と異なっています。どんな人でもそのような忍耐強い愛を感じることができます。これは伝道の最も基本的で重大な知識です。

皆さんの気持ちは霊界に反映され、それから他の人々に伝わります。もし皆さんが伝道している人を本当に愛するならば、彼はこの広い地球上で、その愛がある所以外に行きたいと思う所はどこにもありません。いったんこれらのことを感じることができるならば、あなたは霊界と通じているのです。皆さんはこのような方法で他の人々と関係をもつように、自分を訓練しなければなりません。この世的な出来事と同じように霊的なものを欺くことはできません。例えば、怒りは霊界に非常な妨害をもたらします。

皆さんがこのような熱心な祈りを発展させていく時、皆さんの祈りの対象となっている人々は、たとえ駅に行こうとしている時であっても、自分の霊的な家に帰るために、自分のことは忘れて皆さんのいる所にやって来るでしょう。皆さんはこのようなことを体験しましたか?　皆さんは人を救うことのできる方法で、他の人々を愛することができましたか。そして彼は、あなたのいる所ならどこへでも従って来ますか。それは完全な救い主ではありませんか。皆さんがこのような美しい愛を他の人と分かち合う時、それは多分、その人の生涯においても初めての体験となるでしょう。それが初めてであれば、彼はその記憶を自分が生きている限り大切にするに違いありません。皆さんは伝道している人々に対して、そのような熱烈な愛の心情をもたなければなりません。皆さんが人をそのように愛する時に、彼はあなたに引き付けられるでしょう。もしそのような愛があなたの霊的背景となるならば、あなたは世界を治める資格を与えられるでしょう。そしてあなたが霊界に行く時、自分が最も高い場所にいることを発見するでしょう。

責任感と謙遜

伝道の第一段階は「私は自分自身が完全でなければならない」と考えることです。そうすれば、他の人々に善なるものを分かち与えることができるでしょう。説教の準備をする時、皆さんは、自分が責任をもっている人々を少しでも傷付けるような過ちを犯すことを、真に恐ろしく感じなければなりません。皆さんがそのように感じるならば、皆さんはちょっとした間違いもすることができません。そして皆さんの責任感は鋭くなります。皆さんは「どうかこの数時間を無事過ごさせてください。私があなたのみ意《こころ》のままに話せますように」と真剣に祈らなければなりません。皆さんがこのような責任感をもって話すならば、皆さんは聞く人々を深く感動させることができます。

もし皆さんが他人に命を与え、彼らを救おうと願うならば、皆さん自身が生きていなければなりません。もし皆さんが他人に涙を流させようとするならば、まず皆さんが涙を流す体験をしなければなりません。もし皆さんが説教をする時に涙を感じるならば、その説教を聞いている人々もまた涙を流すでしょう。皆さんが教会に導こうとする時、皆さんはまずこのような資格をもたなければなりません。そのような理由で、皆さんの責任は難しいものがあります。

どうか謙遜であってください。もし皆さんが傲慢にならなければ、このような人生を容易に出発することができます。たとえ皆さんは指導者の位置にあったとしても、皆さんは自分が歴史上で最も惨めな価値のない存在であると感じるべきです。これは電気を伝える様々な電線に例えられます。銅は立派な伝導体であり、鉄や他の金属は、より劣ったものとなります。現在皆さんは最も劣った伝導体のような存在ですが、皆さんは磨かれるにつれてもっと素晴らしい伝導体となるでしょう。

皆さんの立場は、たとえ皆さんが価値のないものであっても、地上で最も高い存在である神を愛する特権を与えられた立場です。皆さんは自分を愛する神の愛に浸り、神が皆さんを抱擁しているのを感じることができるならば、皆さんは最も幸福な人となることができます。神があなたを愛する瞬間は完全な幸福の瞬間であり、あなたが体験する最も幸福な時間です。純金のようにあなたは何の抵抗もなくなり、神の愛がすべてあなたに注がれるでしょう。

これらすべての体験は実際の感覚であって、単なる想像ではありません。私は神と共に分かち合った体験のおかげで、いったん私が公的な位置を離れた時には、たやすく自然な人間となることができます。公衆に演説したのち私は演壇から降り、平凡な人間の位置に戻ります。私はどんなことにおいても、誰に対しても傲慢《ごうまん》な態度を執ることを願いません。最初皆さんは私を動かすことができると感じ、皆さん自身確信をもっていたかもしれません。しかしすぐにそうでないことが分かります。私はそんなにたやすく動かされません。このような権威は、私が神のために涙を流したことから自然に出てくるものです。

皆さんが自分の州に戻ったなら私が教えたように伝道し、祈りなさい。神はそのように生きておられるので、信仰を通してすべてのものを支配しています。神は人間を非常に愛しておられます。天国とは何でしょうか。天国は神と同じ方法で他の人を愛することから始まります。もしあなたがこれを実行し、一歩一歩自分を整えていくならば、一カ月の内に多くの人々があなたのもとに来るでしょう。

皆さんが本当に私が話したような体験をするならば、皆さんは弟子の足を洗ったイエス様の心情を体験することができます。なぜイエス様はそのようにされたのでしょうか。それは目に見える愛の基準、愛の原理を確立するためです。

もしリーダーとしての皆さんが、このような霊的なことを体験しないならば、何かが足りないのです。あなたの心がそのようなレベルに達しているにもかかわらず、あなたのそばにあなたと（愛を）共に分かち合う人々がいない場合は、木に話しかけてごらんなさい。そうすれば木が答えるでしょう。皆さんは木があたかも踊っているかのように表情豊かに実際に話すのを見るでしょう。これは空想ではありません。木は実際にあなたの友達となることができます。天国は皆さんの中に、そして我々の中にあるということはとても自然なことです。天国は人間によって決まります。

人のことを心配する

私の人生を要約すれば、私は誰よりも人々を理解しようと努めてきました。生涯を通して、私は他の人々に対する私の位置と関係を理解しようと努めてきました。これが、どうして私が統一教会を導くことができるかという方法です。神はこれらすべてを見つめてこられ、一歩一歩私のすることすべてを助けてこられました。神は私がすることはどんなことでも助けざるを得ないのです。これが私が神の助けを確信している一つの理由です。

家で私は誰かが瀬戸物を落とす音を聞く時にも、私はすぐに「それは彼女ではなく自分が壊したのだ」と感じます。もしその人が二回、三回壊したとしても、私は何も言いません。その人は非常に恥ずかしく感じ、私と擦れ違ってもお互いに目と目が合いません。そして彼女はどこかに隠れたいと思います。そのような感受性は人間の美しい姿です。私は彼女がどのように感じているかが分かるのです。そのような認識は指導者になるには絶対必要です。

天の法則は、もしあなたが間違っていないのに他の人から迫害され攻撃されるならば、あなたは多くの祝福を受けるでしょうと述べています。神はあなたの真の立場を御存じなので、迫害が終われば、神はすべての祝福を自由に与えるでしょう。もしあなたの心が潔白であれば、あなたは迫害に煩わされることはありません。私についてどんなことが言われようと私の心は潔白であり、私はそれに煩わされることはありません。アメリカにおける私の仕事に関しては、利己主義からしていることは何もありません。神のためにアメリカを救おうとする決意からしているのです。間違いは私の側にではなく、私に反対する人々の側にあるのです。

我々はそれをどのようにすれば良いでしょうか。そのような環境のもとで神ができる最善のことは、我々を支持することです。神は迫害を罰することはありませんが、完全に我々の味方となるでしょう。私は神が滅びないがゆえに、統一教会は決して滅びないことを知っています。もしあなたが間違っていなければ、たとえ罪人のように扱われ迫害されたとしても、出掛けていって伝道するよう自分自身を刺激することが必要です。他の人から殴られるのは静かにしているよりはいいことです。

迫害は多くのことを終わらせる素晴らしい方法であることを、皆さんは信じなければなりません。我々一人一人は自分自身の個人的な罪でいっぱいです。しかし皆さんが他の人から正当な理由もなく迫害され、それに仕返しをせずに耐え忍ぶことができた時、皆さんは神によって自分の罪を許してもらう最も近い道を発見したのです。最も激しい迫害のさなかにおいて、あなた自身の罪が許されるだけでなく、あなたを迫害する人の罪も、ある方法を通じて許されるのです。そしてあなたは、さらにそのことにより祝福を受けるでしょう。この原理は普遍的です。迫害されることはあらゆるところに、いろんな種類の結果をもたらします。

原始的な宗教の時代の人々は、このことを知りませんでした。近代の宗教は、善い行いをすることを、人々に絶えず教え続けてきました。しかしなぜ迫害を許しをもって耐え忍ばなければならないかを説明することができませんでした。私は、歴史上初めて蕩《とう》減《げん》の法則を説明しました。この理解は、宗教上の完成を意味します。歴史を通して人間は善を行わなければならないことを知っていましたが、その理由が分かりませんでした。もし皆さんが、私が言ったように皆さんの生活を発展させていくならば、皆さんは私と全く同じ霊界に行くことができます。

きょうは、どのように伝道するかについて詳しく説明してきました。私は村に行った時は、鍬《くわ》をもって出掛けるか、またはその村の最も惨めな人と友達になれるようにいつも準備していました。私はもしそれが何か役に立つと感じたら、いつでも一晩中話す覚悟でおりました。人を愛する最も易しい方法は、その人のことを心配することです。その人は、世界中で一人も友達がいなかったかもしれません。しかし皆さんは彼の最良の友となることができます。それはどちらかというと簡単なルールですが、これはすべてを包括します。

私はいつも特に子供たちに親しみを感じ、彼らと仲良くやっておりました。しかしながら、今は私があなた方を愛するほど、私自身の子供を愛することができません。私は他の子供たちによくお話をしてあげました。いったん私が話し始めると、私は話が進むにつれ、それを創作しました。霊界が私を協助してくれました。私は子供たちを笑わせることも泣かせることもできました。日曜学校で私は子供たちに心を開き、彼らを泣かせたことが何度もありました。しかし私は母のあとを追って家に帰らなければならなかったので、その場に自分の思うとおりには長くおれませんでした。皆さんはどのようにして他人を泣かせることができますか。それはまず自分が最初に涙を流すことによってのみ可能です。他の何ものも彼らにそのような体験をさせることはできません。私はいつもこの必要性を感じていました。皆さんにもまたそれを感じてほしいと思います。

このような態度でいたため、私はいつもリーダーとして期待されていました。私が波止場で労働していた時、私はすぐ人々と一つになり、彼らは間もなく私をリーダーとして取り扱い、私の言うことをよく聞くようになりました。孝進《ヒョジン》もそうです。子供たちはほんの二、三日接しただけで彼に喜んで従います。彼は私の基台を受け継いでいるので、努力なしでそれができるのです。リーダーとして尊敬されるための秘訣は、他人に対して関心をもつことです。もし他人を憎むならば、皆さんは何事も達成することができません。

皆さんは謙遜な立場をとらなければなりません。そうするための一つの方法は、すべての人をあなたの先生だとみなすことです。そうすれば、あなたは他の人々から様々なことを学ぶことができ、それが今度はあなたを向上させるものとなるでしょう。もし皆さんが多くの人々を伝道し、多くのメンバーを育ててきたとしたら、人間は一人一人みな違うという事実を体験することと思います。皆さんが人に会う時、その人が皆さんの知っている誰かに似たタイプの人格をもっているということを皆さんは気づくかもしれません。そうすれば彼に話しかける時に、皆さんは過去の経験を生かすことができます。韓国の松の木とアメリカの松の木は非常に違いますが、同様に似通ったところがあります。同時に皆さんのうちの九〇パーセントは、私が既に育て愛してきたたくさんの人々のうちの一人に似ています。皆さんは異なった顔かたちをもっているかもしれません。しかし多分皆さんの性格のパターンは同一であり、皆さんは私にとって初めての人ではありません。

人々は似通った性格をもつばかりでなく、自己表現の方法も同じです。人々の似通った性質を見分けるには、彼らに愛による注意を払わなければなりません。そうすればあなたは彼らの性格が好きになり、神もまた彼らに似ていることが分かるでしょう。神が人間を愛するのは、ただ人間であるというだけでなく、その中に内在する神性のゆえに愛するのです。

皆さんは涙をもって伝道することを知りました。これを可能にする手段は何でしょうか。愛が霊界への道を開きます。どれくらいの愛でしょうか。たとえお父さんやお母さんであろうと、誰かが今まであなたを愛した以上に、そしてあなたが以前に誰かを愛した以上に、愛することができるようにならなければなりません。霊界における愛の出発は、真の父母に対する最も深い愛の感情であり、次に、他の人々に対する感情です。もし皆さんが神の基準よりも低い立場で愛するならば、皆さんはサタンが喜ぶ愛の領域にいるのです。神は、もしあなたの愛がサタンから切り離されたものでなかったならば、決してそれを受け入れられないでしょう。宗教の道はどのようなものであったでしょうか？　多くの宗教家は、例外や妥協なく自分が経験した最も大きな愛以上に神と天のものを愛すべきであると教えています。もし皆さんがその程度まで愛さなければ、皆さんは単にサタン世界にとどまります。

あなたはメンバーが眠っている時、彼らを見つめ、ただ彼らを見ているだけで涙を流すような体験をしたことがありますか？　あなた方のメンバーは、彼らの生涯においてこの広い世界で頼ることのできる善の場所はどこにもないことが分かったのです。そして彼らはついに皆さんのホームの中に休息を見いだすまで、子供のように彷徨《さまよ》い続けてきました。皆さんは彼らのことをそのように実感したことがありますか？　皆さんは彼らが皆さんの所にやって来て落ち着くことができたがゆえに、心の中で本当に彼らに感謝しているはずです。そして皆さんは自分を信頼してくれたことに対して、感謝の気持ちから彼らに礼をするかもしれません。分かりますか？　あなたは彼らの命に対する責任をもっているので、そのような心が必要です。

私はこのような感情で心がいっぱいなので、誰かが来て話し始めると涙がこぼれます。そのような心の世界では、神は人々の間に降りてこられ、堕落した世界と即座に関係をもつことができます。皆さんは去っていった人のことを寂しく感じ、シャツもきちんと着ないで走り出してしまうほど、彼を見いだすために夢中になったことがありますか？　皆さんは、そのように気違いじみた自暴自棄の感情を体験したことがありますか？

もしまだ体験していないとするならば、あなたの心構えはどこに向けられていますか？　あなたは真剣に向上しようと願ってきましたか？　時々私は外出して夕焼けや辺りの静かな景色を眺める時、統一教会の若い人々が私と私の仕事のために非常に苦労しなければならない重荷を感じて泣き出したくなる時があります。私はあなたたち若い人々を非常に気の毒に感じます。私は非常に心苦しく、また皆さんを苦しめてきたので座っていることもできません。私は泣き出さざるを得ません。私がこのような態度でいるので、他の人々は私を罵《ののし》ることはできません。そして私と共に神の仕事をしている皆さんは、私に対して怒りの感情をもつことができません。

負債を負わない

私の基本的な哲学は、生きているすべての人々に対して負債を負わないことです。私は少なくとも同等か、もしできれば私に与えられた以上のものを返しますが、負債を負うことはありません。私は何かを返すことなく、人々から何かを受け取ることを願いません。そのようなやり方からすれば、私の子供たちは幸運な立場ではありません。彼らは既に私の一部なので、私はあたかも彼らに同情する必要がないかのごとく、自動的に彼らを取り扱っています。

皆さんは私のようなリーダーを求めていたと思います。この点において、私があなた方のためにいると同じように、皆さんすべては皆さんのメンバーの役に立ちたいと願うでしょう。この瞬間から皆さんは自分の立場を悟り、「私はそのようにしてこなかった。私は本当のメシヤではなく偽りのメシヤであった」と思って悔い改めなければなりません。この点からもう一度やり直しなさい。皆さんのメンバーが夜眠ったのちも彼らのことを祈りなさい。そうすれば彼らは成長します。私は皆さんが生まれる前にこの伝統を立てました。これは父と子の関係です。皆さんは着物やじゅうたんが涙でびしょ濡れになるほど、いつもメンバーのことを気遣わねばなりません。

もし皆さんがそのように生活していても、皆さんの立場が向上しなければ、それは私の責任です。また私は、これらすべてのことを皆さんのためにしているということを知ってください。もしある不幸な理由から皆さんが応じないとしても、私はまだ私が投資したものを失いはしません。それは天の貯蓄のように、天の基台をつくるために集められ蓄えられるでしょう。それは決して失われません。同様に、もし個人が他の人々に心を注ぎ熱心に努力するならば、彼が投資したものは決して失われることなく記録として彼と共に残ります。天は皆さんが決してそれを失わないように取りはからってくれます。皆さんが投資したことがこのように蓄積されるということが分かれば、なぜ天が我々に感謝し、そして今度は、我々が神に絶対的に感謝しなければならないかが分かることと思います。

今度、皆さんが自分の任務に戻ったら、このような生活を始めなさい。そしてこのような方法で伝道しなさい。もし皆さんがこれに成功すれば、アメリカはたちまち包含されてしまいます。このように実行し向上することによって、皆さんは心を深め、神の涙を誘うでしょう。神を泣かせるような心の基準は、霊界において永遠に残ります。皆さんは、私と同じ方法で、神を愛するように他人を尊敬し好きになりなさい。

何回他の人々があなたを騙《だま》し、あなたの期待を裏切ったかは問題ではありません。皆さんは失うものはありません。あきらめてはなりません。私は実際に何度も裏切られ、そしてこれからも裏切られ続けることを知っています。しかし私は自分のやり方を確信し、これからも続けていきます。私の立場が悪くなったことは一度もありません。それは絶えず向上しています。それが天の基準です。

我々は今までアメリカの統一教会において、粗雑な基盤しかもつことができませんでした。我々が自分を改革することが急務であると私は自覚しています。我々個人の改革が今なされる時です。分かりますか？　皆さんはこれからたくさんの仕事をしようとしています。それは皆さんがこれからたくさん愛していくことを意味しています。

伝道ハンドブック み言編
み言に学ぶ伝道の姿勢

2015年7月17日　改訂版第1刷発行

編　集　世界基督教統一神霊協会　伝道教育局
発行所　株式会社　光 言 社
〒150-0042 東京都渋谷区宇田川町37-18
TEL. 03（3467）3105
http://www.kogensha.jp
印刷所　株式会社ユニバーサル企画

ISBN 978-4-87656-431-6